2024年度盐城市社科基金项目（项目批准号：24skB233）

地方本科院校
职称评审制度研究

束安娣◎著

河海大学出版社
HOHAI UNIVERSITY PRESS
·南京·

图书在版编目(CIP)数据

地方本科院校职称评审制度研究 / 束安娣著. -- 南
京：河海大学出版社，2024.3
ISBN 978-7-5630-8899-7

Ⅰ. ①地… Ⅱ. ①束… Ⅲ. ①地方高校－教师－职称
－评定－研究－中国 Ⅳ. ①G645.11

中国国家版本馆 CIP 数据核字(2024)第 062483 号

书　　名　**地方本科院校职称评审制度研究**
　　　　　DIFANG BENKE YUANXIAO ZHICHENG PINGSHEN ZHIDU YANJIU
书　　号　ISBN 978-7-5630-8899-7
责任编辑　周　　贤
特约校对　温丽敏
封面设计　徐娟娟
出版发行　河海大学出版社
地　　址　南京市西康路 1 号(邮编:210098)
网　　址　http://www.hhup.com
电　　话　(025)83737852(总编室)　(025)83787157(编辑室)
　　　　　(025)83722833(营销部)
经　　销　江苏省新华发行集团有限公司
排　　版　南京布克文化发展有限公司
印　　刷　广东虎彩云印刷有限公司
开　　本　718 毫米×1000 毫米　1/16
印　　张　12.25
字　　数　208 千字
版　　次　2024 年 3 月第 1 版
印　　次　2024 年 3 月第 1 次印刷
定　　价　76.00 元

前言

Preface

　　职称晋升是高校教师职业生涯发展的重要议题,教师职称评审制度是高校人事管理制度的核心,也是高等教育评价的重要内容。2017 年,教育部等五部门联合下发《关于深化高等教育领域简政放权放管结合优化服务改革的若干意见》,提出下放高校教师职称评审权及改进评审办法,地方高校开启新一轮职称制度改革。

　　2020 年,中共中央、国务院印发了《深化新时代教育评价改革总体方案》,明确以"破五唯"为导向,提出"到 2035 年,基本形成富有时代特征、彰显中国特色、体现世界水平的教育评价体系"。同年,教育部、人社部等部门联合印发了《关于加强新时代高校教师队伍建设改革的指导意见》《关于深化高等学校教师职称制度改革的指导意见》,就如何完善高校教师职称评价标准、突出质量导向、实行分类评价等提出具体举措,以构建评价科学、规范有序、竞争择优的高校教师职称制度。从改革进程来看,高校教师职称评审制度改革尚处于初期阶段,不同高校对职称制度的改革理解不一,在评价标准的制定上差异较大,实际操作中还有很多复杂的问题值得探讨。

　　地方本科院校是我国高等教育的中坚力量,地方本科院校教师是我国高等教育发展的基础,合理的人才评价标准是加强高校教师队伍建设、为地方提供人才保证的关键所在。在国家破除"五唯"顽瘴痼疾、深化新时代教育评价改革、树立正确评价导向等意见的指导下,健全和完善教师职称评审制度是深化人才评价的重要内容,是地方本科院校提升人才管理水平的重要举措,也是地方本科院校加快教育治理能力现代化的重要保障。

　　新中国成立以来,我国的高校教师职称评审制度经历了从任命制到评审制再到聘任制的改革过程。本书基于职称评审制度的发展与变迁,梳理了我国职称制度的改革历程以及在此背景下高校职称评审制度的发展过程,整理出新一轮地方高校职称评审改革的热点、难点、重点问题;结合样本分析,了解本轮职称制度改革中地方本科院校的具体实施现状、面临的问题及问题产生的原因。通过分析高校职称评审制度的改革历程、本轮职称制度的改革背景及改革重点、地方本科院校职称制度的改革现状,以期更好地把握新一轮地方本科院校职称评审制度改革中目标与实施的差距,为地方本科院校完善职称评审制度提供参考。

由于水平有限,错谬之处在所难免,恳请各位读者多提意见,电子邮箱59146368@qq.com,不胜感激。

目录
Contents

第一章

绪论

地方高校的人事制度,尤其是教师职称评审制度是地方高校人才发展的"指挥棒"和"风向标"。教师作为地方高校内涵建设与人才强校战略的核心要素,健全和完善教师职称评审制度是深化高校教师人才评价的重要内容,是地方高校提升人才管理水平的重要举措,也是地方高校加快教育治理能力现代化的重要保障。

第一节　研究背景及研究意义

一、研究背景

2017 年 1 月,中共中央办公厅、国务院办公厅印发《关于深化职称制度改革的意见》,提出以职业分类为基础,以科学评价为核心,以促进人才开发使用为目的,健全职称制度体系,完善职称评价标准,创新职称评价机制,促进职称评价与人才培养使用相结合,改进职称管理服务方式等,我国开始全面深化职称制度改革。职称评审中要突出品德、能力、业绩导向,克服"唯学历、唯资历、唯论文"倾向,科学、客观、公正地评价专业技术人才,让专业技术人才有更多的时间和精力深耕专业,让做出贡献的人才有成就感和获得感。

2017 年 4 月,教育部等五部门联合颁发了《关于深化高等教育领域简政放权放管结合优化服务改革的若干意见》,指出改进高校教师职称评审机制:一是下放高校教师职称评审权,二是改进教师职称评审方法。随后,教育部、人社部印发《高校教师职称评审监管暂行办法》,对高校职称评审工作提出具体要求并加强监管,进一步推进高校教师职称评审制度改革。自此,我国普通高校教师职称评审制度进入一个新的改革历程,即普通高校可以自主制定教师职称评审制度并自行组织评审。下放普通高校职称评审权,意味着权力结构发生了重要转变,由传统的政府主导转变为学校自主评审,如何改革职称评审制度,成为普通高校亟待解决的重要研究议题。

2023 年 7 月,教育部发布的《2022 年全国教育事业发展统计公报》显示,截至 2022 年 12 月,全国共有高等学校 3 013 所,其中,普通本科学校1 239 所(含独立学院 164 所),本科层次职业学校 32 所,高职(专科)学校

1 489 所,成人高等学校 253 所,另有培养研究生的科研机构 234 所。高校的专任教师总数为 197.78 万人,其中,普通本科学校 131.58 万人,本科层次职业学校 2.78 万人,高职(专科)学校 61.95 万人,成人高等学校 1.47 万人。

梳理近五年的教育统计数据(见表 1-1),可以看出普通本科院校的专任教师有逐年增长。以教育部公布的教育基本情况为例,2021 年普通本科院校的专任教师有 126.97 万人,其中,正高级职称人员 21.44 万人,占比 16.9%;副高级职称人员 40.74 万人,占比 32.1%;中级职称人员 47.92 万人,占比 37.7%;初级及以下职称人员 16.87 万人,占比 13.3%。无论是从高校的师资队伍结构、专业技术岗位等级比例,还是人员的流动属性来看,高校教师的职称评审工作会涉及诸多教师的职业生涯规划,具有重要的影响力。

表 1-1　近五年高校专任教师情况统计

年度	专任教师数(万人)				
	总数	普通本科院校	本科层次职业院校	高职院校	成人高等学校
2022	197.78	131.58	2.78	61.95	1.47
2021	188.52	126.97	2.56	57.02	1.97
2020	185.15	127.61		55.64	1.90
2019	176.03	122.53		51.44	2.06
2018	169.39	117.43		49.77	2.19

在国家"双一流"建设重大宏观战略决策下,师资队伍的建设对普通本科院校的发展起着至关重要的作用。职称评审作为高校人才评估的重要环节,其制度的制定直接关系到高校在选人、用人、留人、育人等内涵建设方面的质量。自普通本科院校获得教师职称评审权以来,已满七年,回顾并总结这一改革过程中的经验和不足,对于未来的职称评审工作具有重要意义。

二、研究意义

1. 理论意义

为探讨地方本科院校的职称评审制度改革提供理论基础。1981 年,Lazear 和 Rosen 在研究企业的层级管理时发现,员工的薪酬水平随着职位晋升呈现出阶梯式跳跃,这一现象是其他理论无法解释的。经过研究和分析,他们发现由于信息的不对称和高昂的监督成本,企业的委托人难以获得员工个体的清晰业绩,为了确保达到自己的预期收益,对于其代理人和经理人实行业绩排名来选择谁能够获得晋升,即在薪酬总额固定的前提下,以绩效表现最优者获得最高报酬。这种拉开薪酬差距、与晋升相联系的工资变化,和企业职位的等级紧密相连,由于个体所得的回报与职位有关,而高一级职位总是有限的,在此情况下员工就有动力为获得晋升而努力工作[①]。由此,Lazear 和 Rosen 提出了"锦标赛"理论:与既定晋升相联系的工资增长幅度会影响到位于该工作等级以下的员工的积极性;只要晋升的结果尚未明晰,员工就有动力为获得晋升而努力工作。该理论主张通过晋升机制激励员工,从而提升生产效率,这种机制不需要企业付出过高成本,却能形成员工的自我激励。

我国学者最初将"锦标赛"理论引用进来,主要是用于分析政府行为。周黎安发现,地方保护主义和重复建设这两个改革开放以来一直困扰我国经济发展的顽疾,可以用政治锦标赛予以解释:由于一个官员的晋升直接减少了另一个官员的晋升机会,因而会产生地区间不合作行为[②]。近年来,"锦标赛"理论被广泛应用到社会公共组织系统的晋升分析中,用以解释组织中的职位结构和人员升迁的模式及相关的绩效问题。晋升作为现代公共部门的激励手段和组织成员期望,其特点主要体现在四个方面:第一,回报递增。晋升和更高的回报存在着紧密的联系。第二,等级差序。晋升以职位差异存在为前提,差异大小是锦标赛制是否明显的重要影响因素。第三,零和博弈。高一级职位总是稀缺资源,一个人晋升必然减少其他竞争者的机会。第四,清晰效应。竞赛指标越清晰,越客观可测,则锦标赛模式的激励效果就会越明显。

晋升制度由此而来,高校教师的职称晋升制度也是如此。高校教师的职称晋升制度涉及政府、高校和社会三种力量,机制的改革会影响政府、高校以及高校内部行政权力与学术权力的关系重组。本书以制度分析为研究

---

① 牛风蕊. 扭曲的激励:"锦标赛制"下高校教师晋升的异化及矫正[J]. 现代教育管理,2016(2):84-89.

② 周黎安. 晋升博弈中政府官员的激励与合作——兼论我国地方保护主义和重复建设问题长期存在的原因[J]. 经济研究,2004(6):33-40.

视角,梳理高校职称评审制度改革与变迁的历程,总结职称评审制度改革中出现的问题与矛盾,分析职称评审权下放后地方本科院校职称评审中出现的问题及成因,对优化职称评审制度提出建议,为地方本科院校教师职称评审提供理论参考。

2. 实践意义

高校教师职称评审制度不仅引导着师资队伍建设的方向,也是高校形成合理的师资队伍结构、管理模式、激励模式的基础。自2017年高校职称评审权下放以来,各省(自治区、直辖市)具体的执行情况是下放时间有早有晚,下放范围有宽有窄,下放权限有大有小,下放内容有多有少[①]。在改革初探阶段,基于惯性和观望之态,地方本科院校在职称评审中仍然注重论文、项目、奖励等量化的评审指标,在制度的制定与执行上,没有实质性突破。2020年12月,人社部、教育部发布了《关于深化高等学校教师职称制度改革的指导意见》,强化高校教师职称评审中师德表现是首要条件,同时提出要进一步完善高校教师评价机制,克服"五唯"倾向,注重代表性成果的质量、贡献、影响,突出评价成果质量、原创价值和对社会发展的实际贡献以及支撑人才培养情况,防止简单量化、重数量轻质量的倾向,建立并实施有利于教师潜心教学、研究和创新的评价制度。

《关于深化高等学校教师职称制度改革的指导意见》的出台,明确了师德是高校教师立德树人的根本,同时提出职称评审中"代表性成果"的评价模式,破除传统的"五唯"量化评价体系。在此背景下,重新审视地方本科院校教师职称评审制度改革的内在逻辑及困境所在,探索新评价方式下的评审路径,分析相应的解决策略,具有重要的现实意义。

---

① 赵映川.浅析地方高校教师职称评审权下放[J].中国高校科技,2019(9):38-41.

第二节 相关研究文献综述

一、国内外相关研究

(一) 国内高校职称制度的研究

1. 关于中国职称制度的研究

高校教师的职称制度是我国职称制度的一部分,在国家职称制度变化的宏观背景下,高校教师的职称制度才会有所变化。从某种意义上来说,中国职称制度的发展方向决定着高校教师职称制度发展和改革的道路选择。所以,研究高校教师的职称制度发展历程离不开对中国职称制度的探讨。

1997年,人事部专业技术人员职称司编著了《职称改革十周年论文经验选》,回顾了1986年至1996年十年间我国职称改革的发展历程,总结了一些具有代表性见解的论点。1998年,杨东涛出版专著《中国职称评价系统效用研究》,该著作通过大量的调查问卷,对职称评价系统的内部有效性和运行机制、外部配合情况及实施的社会效果三方面进行调查研究,分析了职称评价系统内部、外部及实施的有效性,探讨如何解决职称评价中存在的问题。2003年,罗继荣等发表系列论文,对中国职称制度进行了系统性梳理,对职称制度相关的概念、理论进行了阐述,提出建立学衔、资格和职称"三位一体"制度,变革评聘模式,创新五个标准、完善五种机制、实行五个公开,强化理论研究和做好系列实践工作等改革构想,以及职称评审标准的构建、聘任条件的设计等。2011年,中国人事出版社出版了吴江、蔡学军等人的著作《中国职称制度改革》,对改革开放后的30年,我国职称制度的发展、改革、基本思路、取得的成效、存在的问题等做了详细地梳理和总结,同时对我国的职业资格制度、职业资格许可制度、许可类职业资格能力标准、职业分类问题、社会化人才评价体系构建等进行了全面介绍,对科研行业、教育系统、文化宣传行业等职称评审制度进行了实证分析。全书以理论构建为基础,通过调查研究与实证分析,重构了职称制度体系框架,提出我国深化职称制度改革的目标和任务,内容全面、深刻。

此外,还有不少学者通过撰写论文对我国的职称制度及职称改革进行了研究,主要集中在梳理、分析职称制度的发展历程、阶段特点和利弊得失,对职称制度中的有关概念进行辨析,对评审制度、聘任制度等具体实务工作进行研究,既有理论分析也有实践探索,从不同角度、不同层次、不同行业做了分析和总结。这些研究成果为探索高校教师职称制度的改革提供了一定的研究基础和经验借鉴。

2. 关于高校教师职称评审制度的历史演变

我国高校教师的职称评审经历了漫长的发展历程,形成了自身的发展特点及规律,纵观历史上每一时期高校教师的职称评审制度,一方面反映了当时社会政治、经济、文化及科技发展的特点,顺应了当时高等教育发展的需要;另一方面它沿袭职称制度的发展轨迹,同时也在一定程度上孕育着未来新的职称制度的萌芽①。关于我国高校教师职称评审制度的形成,根据郝振文、王美芳的考据,最早可溯源到公元前 124 年西汉时期,古代大学在教师的选用、晋升、考核等方面已具雏形。在近 2000 年的封建时期里,我国的高等教育从教育制度、教学内容、教师职称及选任、晋升等各方面来看,基本未受外来因素的影响,是中国封建社会高等教育制度自身演变和缓慢发展的过程。一直到近代,从 19 世纪 60 年代洋务运动的兴起和西学的传入,经过维新变法运动至科举制度废止,我国高等教育制度发生了极其深刻的变化,高校教师的职称评审与选用也与以前大相径庭。

新中国成立以后,不同的学者从不同的角度,对高校教师职称制度的演变给出了不一样的观点,但大抵以 1986 年为分界,1986 年以前高校教师的职称以政府任命为主,1986 年以后高校开始实施职称评审制。赵庆典梳理了新中国成立后 50 年的高校教师职务制度,将其依次总结为基本沿用旧式高校教师职务阶段、学习苏联阶段、教师职务被取消阶段、恢复并重建高校教师职务阶段、教师职务制度被写进《教师法》阶段②。田子俊在总结相关政策文本的基础上,将高校教师职称评聘制度总结为"两时期六阶段",两大历

---

① 郝振文,王美芳.我国高校教师职称评聘的历史回顾与前瞻[J].山东师范大学学报(人文社会科学版),1994(4):67-70.

② 赵庆典.我国高校教师职务制度 50 年回顾与展望[J].江苏高教,2000(2):93-95.

史时期为教师职称任命时期、教师职称聘任时期,六阶段为新中国教师职称制度初期阶段(1949—1959)、高校教师职称制度初步形成阶段(1960—1965)、职称制度的恢复和重新建立阶段(1977—1983)、首次专业技术职务聘任制阶段(1986—1989)、专业技术职务聘任工作正常化阶段(1991—20世纪末)、真正开始实施聘任制阶段(21世纪初至今)①。徐美华将我国高校教师职称制度的变迁过程,总结为三大历史阶段:任命阶段、评审阶段、评审向聘任过渡阶段,在制度演变过程中,重点与均衡、主观与客观、规范与烦琐、清晰与模糊、行政与学术、上级与基层、内在与外在的关系问题,始终贯穿其中②。蒙有华对我国近现代高校教师职称晋级制度进行了历史溯源,将高校教师职称评审分为近代期的萌芽阶段(1862—1910)、初创时期(1911—1948)、新中国成立后的起步与发展阶段(1949—1965)、停滞与恢复阶段(1966—1985)、规范与优化阶段(1986—1999)、改革与完善阶段(2000年至今),在长期的探索实践中不断变革、改进和完善,逐渐成为衡量及评价教师专业技术水平和业务能力的重要方式③。

3. 关于高校教师职称评审、岗位聘任与考核的研究

1993年,《中华人民共和国教师法》颁布,提出学校和其他教育机构应当逐步实行教师聘任制,由学校与教师签订聘任合同,从而为聘任制的全面实施赋予了法理上的合法性。由此开始,我国高校教师职务聘任制改革正式拉开了序幕。管理者、学者们对职称评审与岗位聘任等问题的关注度非常高,这方面的研究成果非常丰富,也提出了很多意见和建议。

尹家明等人在改革初始,分析高校教师高级职务岗位合理设置的必要性及重要意义的基础上,提出了高校教师高级职务岗位划分的原则及其具体计算方法,为高校教师高级职务岗位的定量化处理提供了依据④。杜耀进等人在总结既有考核工作经验的基础上,研究制定了新的专业技术人员综合测评方法,测评内容主要包括任职条件(工作实绩、水平和能力、工作成

① 田子俊.中国高校教师职称评聘制度历史沿革[J].湖南科技学院学报,2006,27(3):265-268.
② 徐美华.我国高校教师职称评聘制度沿革分析[D].苏州:苏州大学,2008.
③ 蒙有华.我国高校教师职称晋级制度的历史审视与改革建议[J].教师教育学报,2018(2):63-72.
④ 尹家明,陈宪祖,王鑫德,等.高校教师高级职务岗位合理设置的探讨[J].江苏工学院学报,1987(3):106-112.

果)及思想政治和外语考试两者必须合格,设置了评分标准和评分方法,为客观分、专家评委打分、院系考核小组打分赋予不同权重和分值,最终加权得分为总得分,制定了相应的量化评分表用于专业技术人员晋升前的考核。通过实践,测评方法具有一定的精确性,但也有缺陷,如申报人数和指标数的比例关系、量化积分是否排序及排序对后续评审的影响、二级学院的执行力等存在问题①。在量化评审时期,此类方法具有一定的代表性。赵爱群、肖晖分析了高校教师职称评聘中存在的弊端,对如何改进职称评审办法、完善教师职务评聘制提出了建议及需要注意的问题,提出由"单轨制"向"双轨制"转变,强调专业技术资格和职务聘任分开②。杨兴林针对我国高校教师职称晋升问题进行研究,认为开展高校教师职务晋升评价要合理确定学术成果的类型和规格,确保评价起点合理,优化定性评价及量化评价方式,呼吁聘后考核的严肃性,"硬化"考核的内容与要求③。张建红认为,普通高校的教师职称评聘关系到教师的切身利益、教师队伍的稳定和学科发展,高校职称评审中存在青年教师评聘高级职称困难、对科研项目过度重视、缺乏聘任后的后期考核管理等问题,提出普通高校应提高高级职称评审的基本条件和公正度、加大对教学科研的奖励、加强对高级职称聘期考核的动态管理,让高级职称的激励和约束机制并存,提高青年教师教学科研工作的积极性④。

这方面的研究主要集中在职称评审中面临的各类问题、职称与岗位聘任的关系,尤其是传统的终身制与岗位聘任之间的矛盾,所谓的"能上能下"并没有真正实现,多数高校仍执行"评聘合一"的模式,晋升高级职称后"躺平"的现象层出不穷,在高级职称比例有限定的情况下,这种矛盾日益突出,尤其不利于青年教师的发展。

4. 关于高校职称评审权下放及代表性成果评价的研究

中共中央办公厅、国务院办公厅印发的《关于深化职称制度改革的意

① 杜耀进,董国芬,陈瑛,等. 专业技术人员综合测评探微——职称晋升前的考核方法之一[J]. 教育发展研究,1997(S1):49-53.

② 赵爱群,肖晖. 深化高校职称改革 逐步实施岗位聘任制[J]. 中国电力教育,2002(2):20-22.

③ 杨兴林. 高校教师职务晋升评价的内涵、问题与改进思考[J]. 黑龙江高教研究,2015(5):95-98.

④ 张建红. 普通高校高级职称评聘的问题及对策[J]. 安徽工业大学学报(社会科学版),2018,35(5):101-102.

见》提出,改进职称管理服务方式,发挥用人主体在职称评审中的主导作用,科学界定、合理下放职称评审权限。教育部等五部门联合印发了《关于深化高等教育领域简政放权放管结合优化服务改革的若干意见》,提出改进高校教师职称评审机制:一是下放高校教师职称评审权,二是改进教师职称评审方法。强调师德表现是首要条件,提高教学业绩比重,建立分类评价标准以及完善同行专家评价机制,建立以"代表性成果"和实际贡献为主要内容的评价方式①。一时间,高校教师评审权下放成为学术界热议的话题,下放高校教师评审权是我国高校教师职称制度的重要改革措施,厘清评审权下放带来的变化以及可能遇到的实施瓶颈,进而推进相关制度、机制的完善,对于深化高校教师职称评聘改革具有重要意义,也是教育治理现代化的趋势,符合教育改革的时代性逻辑。

经过几年的改革与实践,2020 年 12 月,人社部、教育部联合印发了《关于深化高等学校教师职称制度改革的指导意见》,提出推行代表性成果评价,结合学科特点,探索项目报告、技术报告、学术会议报告、教学成果、著作、论文、标准规范、创作作品等多种成果形式,将高水平成果作为代表性成果②。进一步明确了职称评审中代表性成果的适用范畴,高校教师的职称评审工作也具有了更多的实践操作依据。这些文件的基本出发点在于建立"以德为先"、"破除五唯"(唯论文、唯"帽子"、唯学历、唯奖项、唯项目)、"自主评聘"的高校教师职称改革制度。职称评审权下放到高校,标志着我国高校教师职称评审制度改革进入到一个新的模式。

刘金松认为,高校教师评审权下放意味着高校教师职称评审过程控制主体从政府转移到高校,高校教师职称评审标准从相对统一转变为具有高校特色,教师职业生涯发展从依赖政府转移到依赖高校。高校教师职称评审权下放面临着高校教师职称评审条件良莠不齐、高校自主设定的教师职称评审标准可行性未知、职称评审及监督主体与其权责限度未明确规定的瓶颈,因此需要提升高校内部综合管理能力、促进职称评审标准的科学化、

① 教育部.关于深化高等教育领域简政放权放管结合优化服务改革的若干意见[EB/OL].(2017-03-31)[2023-10-11]. http://www.moe.gov.cn/srcsite/A02/s7049/201704/t20170405_301912.html.
② 人力资源社会保障部,教育部.关于深化高等学校教师职称制度改革的指导意见[EB/OL].(2020-12-31)[2023-10-11]. https://www.gov.cn/zhengce/zhengceku/2021-01/27/content_5583094.htm.

强化评审过程监督制度的建设、完善评审结果的申诉机制以提升职称评审的公平性①。宋旭红、高源从代表性成果的评价范围、评价模式、评价标准、评价主体等方面全方位总结、审视和反思制度设计,倡导回归制度设计的初心和核心②。李晓曼等梳理了新中国成立以来高校教师职称改革的变迁逻辑,厘清改革的价值诉求,提出高校教师职称制度改革的突围路径:坚持师德为本,端正价值导向;注重综合评价,形成质量导向;创新评价机制,优化评审方法;合理配置资本,平衡主体诉求③。牛风蕊、张紫薇在研究地方高校承接职称评审权下放后,认为地方高校受制于编制管理、基层学术组织话语权不足以及学术评价指标异化等因素,在开展教师评聘方面面临着诸多的制度悖论。为提高地方高校职称制度改革的有效度,地方高校须强化学术治理要素、创新评价手段、引入第三方学术评价、完善配套机制、加强评审环节和监督机制建设④。

近几年这方面的研究成果较为丰富。一方面,高校教师职称评审权下放是一项重大的职称制度改革,不同层次、不同类型的高校在承接评审权的过程中,出现了很多的问题与矛盾;另一方面,普通高校对代表性成果如何定位、如何评价也是关键。如何妥善解决改革过程中出现的多重矛盾,关乎高校的发展与定位,也关乎高校教师的切身利益。所以,围绕"破旧立新"的职称评审制度研究比较多。破的是传统评审制度中愈演愈烈的量化评价,过度依赖论文数量、人才称号、学历背景和奖项荣誉等绝对指标;立的是教师的学术水平、教学能力、学术影响力、实际工作表现、社会服务和团队合作能力等多个方面的评价,以更加科学、公正、全面的方式评价教师的综合素质和能力。这样的改革有助于激励教师更好地发展自身能力、提升教学质量,注重人才培养,推动高校教育的科学发展。

① 刘金松.高校教师职称评审权下放:逻辑、变革与瓶颈[J].中国高教研究,2017(7):81-86+93.
② 宋旭红,高源.大学教师代表性成果评价及反思[J].复旦教育论坛,2021(4):77-84.
③ 李晓曼,许实年,熊细滚.高校教师职称制度的历史演变与改革路径[J].河北师范大学学报(教育科学版),2022(3):99-106.
④ 牛风蕊,张紫薇.评审权下放后的地方高校教师职称改革:制度悖论、逻辑进路与协同机制[J].黑龙江高教研究,2022(2):37-41.

（二）关于国外高校职称制度的借鉴与研究

我国学者对国外高校教师职称制度的研究主要集中在三个方面。

（1）对不同国家高校教师职称制度的介绍和研究。陶遵谦主编的《国外高等学校教师聘任及晋升制度》是国内较早介绍其他国家高校教师职称制度的著作，该书对苏联、美、英、法、德、日等国家高校教师职称制度进行了介绍，使我们了解了国外高校教师职称制度的历史进程。陈永明主编的《现代教师论》《国际师范教育改革比较研究》等著作对包括中国在内的11个国家的大学教师聘用制度进行了介绍和比较，为高校教师职称评审、岗位聘任提供了参考。

近年来，随着中国高校教师人事制度改革的深入，职称评审与岗位聘用结合，有关国外高校教师聘任的具体做法、模式及其特征的研究也逐渐增多。张万朋通过比较，归纳了发达国家大学教师聘任制的一些共同特点，如教师聘任有严格的条件及考核程序、聘用与相应的待遇相结合等，提出了我国高校在教师聘用制度中存在的问题及对策[①]。袁祖望在对美、法、日、德四国大学教师选拔进行比较后认为，在选拔标准上，各国均多方权衡，侧重科研成就；在选拔方式上，公开招聘或招聘与晋升相结合；在选拔过程上，体现了民主性和严肃性[②]。郭明维等人比较了美国、德国、日本等高校教师职称晋升制度，解读了国外高校职称评聘管理的基本模式，总结了国外高校职称评聘管理的成功经验，为我国高校师资管理及其研究提供借鉴，尤其为地方高校职称评聘管理模式重构提供参考和帮助[③]。安琦用定性的研究方法，借鉴美、英、法等西方国家的高校教师职称评定制度，从培养研究型教师、调整我国高校教师职称评定办法、创建以教师为本的政策环境以及树立高校教师社会服务意识和专业追求意识等方面探索适合我国高校教师专业发展的途径[④]。陈志伟等人在对英、美、德、法四国高校职称制度框架体系的现状特征、职称序列的设置导向、职称体系的框架模式等进行梳理并开展对比分析

① 张万朋.中外高校教师聘用制度的比较研究[J].江苏高教,1998(3):73-76.
② 袁祖望.发达国家高校教师选拔的比较[J].有色金属高教研究,2000(2):91-93.
③ 郭明维,何新征,朱晓娟.国外高校职称评聘管理的基本模式[J].发展,2011(2):132-133.
④ 安琦.国外高校教师评价制度与我国高校教师专业发展[J].黑龙江高教研究,2011(4):74-77.

后,发现欧美高校职称制度具有类型结构对等且各职称数量比例有合理化侧重、线性层级管理的责权利相互统一、任职资格审核辅以明确的任期目标等三个层面的特征,这一研究发现对从层级与数量结构、权责分配、评聘过程等方面完善我国高校职称制度具有启示与借鉴意义[①]。

（2）不同国家之间高校教师职称制度的比较研究。易金生在比较分析中美两国高校教师职称评审制度的设置、评审标准和具体操作等方面的基础上,对我国高校教师的职称评审提出建议:重视教师的教学科研能力、鼓励教师参加公共服务、注重教师的国际影响力和国际知名度。职称评审体系能反映出教师学识和能力,评聘分离取消教师职称终身制[②]。崔春霞在梳理了美国高校教师职务聘任制度后,总结了美国高校教师聘任制度的核心:终身教职制、"非升即走"制和公开招聘制。在对中美高校教师职务聘任制度历史回顾的基础上,对教师职务聘任制度、教师职称评定制度的内涵进行剖析,分析教师职务聘任制度与教师职称评定制度的区别,从聘任类型、岗位设置、教师招聘、职务晋升、考核制度等五个方面,对美国、中国大学教师职务聘任制度进行了多维的比较研究,借鉴美国的经验,探索我国高校教师职务制度的改革趋势和实践路径[③]。杨海怡梳理和分析了中美两国高校教师聘任制的发展历程、存在问题和改革趋势;运用贝雷迪比较四步法,对中美两国高校教师聘任制度进行并置分析,从历史、政府、市场和学术四个纵向维度和聘任程序、聘任岗位设置以及聘后管理三个横向维度进行了比较研究,揭示了中美高校教师聘任制度的差异;在比较研究的基础上,对高校教师聘任制度进行了理论分析,并提出了我国高校教师聘任制度改革与发展的对策建议:科学合理的设置岗位,形成公开公平的聘任程序,建立科学规范的聘后管理,健全其他配套措施[④]。蔡宁波选取了我国10所"双一流"建设高校以及美国哈佛大学作为样本高校,采用内容分析法和比较研究法分析了中美高水平大学教师聘任条件的具体内容,研究发现我国教师聘任条件主要根据职务级别、教师岗位、学科门类来制定,不同类别的基本聘任

① 陈志伟,刘莹,后慧宏.欧美高校职称序列设置及框架模式探析[J].复旦教育论坛,2021(2):99-105.

② 易金生.美国高校教师职称评审及启示[J].南京医科大学学报(社会科学版),2004,4(4):323-325.

③ 崔春霞.中美高校教师职务聘任制度比较研究[D].南京:南京师范大学,2008.

④ 杨海怡.中美高校教师聘任制度比较研究[D].上海:上海师范大学,2016.

条件差别不大,但是在教学条件和科研条件的要求上差别较大;而以哈佛大学为代表的美国高水平大学对教师聘任的规定是"模糊的",教学情况和科研成果均通过"同行评议"制度来评价,对候选教师的声望尤为看重。通过比较中美高水平大学教师聘任条件的异同,蔡宁波对我国高校教师的聘任条件提出了四方面建议:重视结果评价,提高成果应用价值;定量定性结合,科学制定聘任条件;重视学术权力,聘任过程去行政化;重视外部评价,完善聘任评审制度[①]。

(3)对某一国家高校教师职称制度改革的研究。这类研究主要集中在美国的终身教职制度和"非升即走"制度方面,研究成果比较丰富;还有对德国和日本,以及其他国家高校职称晋升制度的研究。

20世纪初,美国大学建立了终身教职制度,尽管在发展变迁中不断受到来自各方的批评和责难,但该制度仍然是当前美国大学教师最主要的任用制度。目前,对它的研究主要集中在终身教职制度的历史演进、内涵和特点、价值取向、制度绩效与困境、争论与出路及其与学术自由之间的关系等方面,代表性的著作研究有:顾建民,《自由与责任——西方大学终身教职制度研究》;周作宇,《美国终身教授制的变迁与启示》;王正青、徐辉,《美国高校终身教职后评估制度的兴起、内涵及其评价》;刘北成,《以职业安全保障学术自由——美国终身教职的由来及争论》;邵明峰、顾建民,《美国终身教授制的争议及发展走向》;屈琼斐,《美国大学终身聘任后评审制》;李长华,《美国高校教师的终身职后评审——政策背景、实践模式和未来走向》;王保星,《美国大学教师终身教职与学术自由的关系》;王保星、张斌贤,《"大学教师终身教职"的存废之争——美国大学教师学术自由权利保障的制度分析》;李新红,《美国高校终身教职制度研究》;王丽萍,《美国教授终身聘任后评审研究》,等等。代表性的观点主要有:周作宇追溯了终身教授制出台时美国教授协会将学术自由的理念与终身教授制联系起来的历史,分析了美国终身教授制的基本立场,讨论了终身教授制对我国高校人事制度改革的启示,指出高校人事制度改革必须考虑大学组织的特殊性[②]。王正青、徐辉对美国大学教授协会提出的有关终身教职后实施评估的建议进行了研究,

---

① 蔡宁波.中美高水平大学教师聘任条件的比较研究[D].长沙:湖南大学,2018.
② 周作宇.美国终身教授制的变迁与启示[J].高等教育研究,2001,22(3):106-109.

从评估的目标指向、政策的制定主体和实施的时间安排等不同的角度进行分析,评估分为不同的类型,成为有效推进终身教职制必不可缺的策略①。

近年来,学者开始关注美国高校的终身教职制度本土化及本土化过程中出现的问题,相关的研究成果也比较多。比如,岳英从学术人才成长的角度,以斯坦福大学和密歇根州立大学为案例,探究了美国大学终身教职制中有关6～7年试用期限的规定、"非升即走"作为一种有效的人才筛选与选拔机制的合理性,并提醒我国众多高校采纳美式"非升即走"制度,应小心求证期限的设置是否适用于我国高校的环境或学术文化②。罗尧成等人总结了美国社区学院的教师职称评聘有如下特点:评聘标准注重教学年限和培训学习时长、职称晋升无名额限制并实行"非升即走"、学院有自主评聘权且评聘流程规范、建立"后终身评审委员会"评价教师的履职尽责,其做法对于我国改革高职院校教师职称评聘制度中存在的沿用学术型本科评聘标准、专业技术人才"生态位"固化、承接职称评聘权能动性不够,以及实施评聘一体化的职称评审制度等主要问题具有良好的启示和借鉴③。

德国大学在世界上久负盛名,其根本原因是拥有一支高质量的教师队伍,而高质量的教师队伍源于能吸纳有志于大学教学科研的教师制度。朱家德、付敏通过比较,认为德国大学教师制度有别于欧美及其他国家的教师制度,突出特征是引导教师积累学术资本④。张凌云认为,德国大学的教授享有国家公务员的身份,这种制度受德国特定的历史传统、价值理念和环境诉求等多重力量综合影响,获得教授资格意味着拥有了终身教职,有助于保护学术自由,为教授从事学术研究提供保障⑤。易红郡认为,德国大学学术职业的晋升路径包含三个方面:首先,必须具有博士学位和博士后研究经历,以便取得担任教师所必需的大学授课资格;其次,晋升编外讲师职位,获

① 王正青,徐辉.美国高校终身教职后评估制度的兴起、内涵及其评价[J].高等教育研究,2006(3):92-96.

② 岳英.美国大学的"非升即走"制度及其期限设置的合理性[J].北京大学教育评论,2015,13(2):67-79.

③ 罗尧成,许宇飞,胡岸.美国社区学院教师职称评聘对我国的启示[J].中国成人教育,2021(12):51-55.

④ 朱家德,付敏.德国高校教师制度特征及其启示[J].江西科技师范学院学报,2009(1):50-54+72.

⑤ 张凌云.主动与渐进:德国高校教师聘任制度的特点与改革动向[J].高等教育研究,2009,30(5):92-98.

得承担教学任务的权利;最后,当教授职位空缺时,通过与其他候选人竞争获得终身教职。从编外讲师到终身教授的学术路径,构成了德国独具魅力的学术文化;德国大学独特的学术职业模式,为我国大学教师的聘任制度、管理制度、工资制度、职称晋升及职业安全等方面的改革提供了一定的借鉴与启示[1]。吴清梳理了德国大学教授制度的历史演进,重点考察了目前德国大学教授制度的安排与运行,在此基础上对德国大学教授制度的特征进行分析,凝练出德国大学教授制度的价值意蕴,并对完善我国高校职称制度提供启示[2]。

日本高校惯行终身雇佣制。刘艳玲通过研究发现,日本实行的职称评议长期稳定的政策,不会出现"职称独木桥"现象。职称定额卡死,制度规范,既没有"破格"评议,又严格"论资排辈"。这样虽然在调动工作积极性上有一定弊端,但总体上大大减轻了学校职称管理的工作量,杜绝了因职称评审不上而消极怠工的现象。由于高校教师选拔严格,大家认为这样的职称管理体制、严格的论资排辈职称制度并没有多大的副作用,教师工作积极性并不因此而减弱[3]。年智英通过对日本教育的研究,发现日本为了适应终身学习型社会的需要,修订了《教育职员资格法》,继而出台《教员资格更新制》等法律政策,新的教育政策和教育实践体现出日本教师资格标准的基本特点;在《教育职员资格法》和《教员资格更新制》中对教师资格的获得与晋升做出了明确规定,从法律上确保了教师专业发展的终身一体化进程[4]。

国外高校教师职称制度的研究对我们深入了解其他国家的高校教师职称晋升和聘用制度,如何化解我国高校教师职称制度改革中可能遇到的矛盾和问题,都有借鉴之处。

二、综合分析

通过上述分析可以看出,高校教师职称评审制度相关的研究呈现出广

① 易红郡. 从编外讲师到终身教授:德国大学学术职业的独特路径[J]. 高等教育研究,2011(2):102-109.

② 吴清. 德国大学教授制度研究[D]. 南京:南京理工大学,2017.

③ 刘艳玲. 中日高校师资管理之比较[J]. 日本问题研究,1997(4):45-48.

④ 年智英. 终身学习型专业发展:日本教师资格标准述评[J]. 比较教育研究,2011,33(8):35-39.

泛性特征,在影响因素、存在问题与对策研究等方面表现出多样性,涉及评审制度、分类评价标准、学术权力分配、职称评价标准与绩效考核的关系等多个方面。

全国高校类型繁多,不同层次的高校办学水平和师资队伍力量存在较大差异,如研究型重点高校师资力量雄厚,整体教学科研水平、学术层次较高,普通本科院校次之,高职高专院校则相对较低①。在职称评审权下放后,普通本科院校和高职高专院校的职称评审制度,或多或少存在对研究型重点高校职称评审制度的模仿和套用,导致改革后的制度存在一些弊端,如移植的评价标准不够科学合理、评价指标的分配无法兼顾所有学科和专业、评审方式不够灵活、评审监督机制不够完善、重评审轻聘用、缺乏激励约束机制等。

本书的研究定位于地方本科院校教师职称评审制度,重点考察地方本科院校在获得职称评审权后,分类评价、评价标准"破五唯"、推行代表性成果评价的实施现状,以及在"破旧立新"过程中出现的问题和矛盾,如何解决这些问题,让地方高校既能接得住,又能用得好职称评审权。

第三节　相关概念

一、职称

郑也夫指出:"一个概念被千百人亿万次地使用,并不说明这一概念已经具备了明确、公认、凝固的定义。""职称"就属于这样一种认知,大家都了解并熟悉,但理解的内涵却又不完全一样,但其基本含有"职务"和"资格"两种含义。

1. 职务

职称指的是专业技术职务的名称;职务是职位规定应该担任的工作任

---

① 蒙有华.职称评审权下放至高校:历史进程、存在问题及应对策略[J].惠州学院学报,2017,37(5):109-114.

务[①]。职务有两个基本属性:一是职务设计与组织(单位)目标任务密切联系。有组织(单位)才有职务,没有超越组织(单位)、社会通用的职务。二是职务设计坚持以"事"为中心,有明确职责、任职条件和任期。在新中国成立之初的技术职务任命制和1986年建立的专业技术职务聘任制都是依照此提法进行设计的[②]。

新中国成立初期实行的职务名称是根据行政管理的需要和机构设置编制的必要制定的,与岗位责任及工资分配制度密切相关,数量有一定的限制,并不代表学术水平、技术水平,这与现行的"职称"内涵不一样。1952年和1956年,国家进行了两次工资改革,设想实施一套相对完整的"职务等级工资制",将职称、职务和工资待遇三者结合起来,即根据工作需要,由干部主管部门任命专业技术工作人员担任某一职务,并领取该职务对应的工资,不担任职务后,则工资和职务随即取消。职名和等级数目都参照当时部分企业技术人员职名及等级拟定,主要为解决全国工资等级混乱的情况。职务工资标准在当时起到了一定的规范作用,但因种种原因,并未起草有关职务或职名的规定或条例。比如,1952年7月,国家制定的职务工资标准中列举了高等院校教师、科研人员、卫生技术人员、新闻编辑人员等职名(即职务),包括校长、系主任、教授、副教授、讲师、教员、助教,研究员、副研究员、助理研究员、研究实习员,等等。1956年7月,国家制定的《国家机关工作人员工资标准表(一)(二)(三)(四)(五)(六)》中,工程与农业技术人员的职务名称分别为总工程师、副总工程师、工程师、技术员、助理技术员和总农业技师、副总农业技师、农业技师、技术员、助理技术员等。此外,在新中国成立初期的国家政策文件中,职称先后有过学衔、学术称号、技术称号、荣誉称号等多种提法,均实行任命制,都是为了解决工资待遇问题。1963年起草的《关于对科学技术人员授予学位和称号的报告(草案)》中对"职务名称"做了如下的概括:职务名称是根据业务和技术行政管理的需要而任命的,同时也必须考虑工资调整的可能,它不可能随着科学技术人员学术、技术水平和业务能力的提高就进行职务和工资的调整,因而它不可能全面地起到评价学

① 中国社会科学院语言研究所词典编辑室.现代汉语词典[M].4版.北京:商务印书馆,2002.
② 谢晶.职称制度的历史与发展[M].北京:中国社会科学出版社,2019:12-13.

术、技术水平的作用①。

1986年2月,国务院正式发布《关于实行专业技术职务聘任制度的规定》,其中明确"专业技术职务是根据实际工作需要设置的有明确职责、任职条件和任期,并需要具备专门的业务知识和技术水平才能担负的工作岗位,不同于一次获得而终身拥有的学位、学衔等各种学术、技术称号"。作为职务,要有明确的职责,数量由编制确定,各级职务有一定的结构比例,有一定任期,在任职期间领取专业技术职务工资,从根本上明确了职称的"职务"属性。

2. 资格

职称作为"资格"的提法,源于20世纪90年代,在深化经济体制改革、建立社会主义市场经济的新形势下,伴随着企事业单位转制,开始推行专业技术资格制度和职业资格制度。职称成为一种资格,开始实行评聘分开。

1992年,国务院下发《全民所有制工业企业转换经营机制条例》,明确"企业享有人事管理权","企业有权根据实际需要,设置在本企业内有效的专业技术职务。按照国家统一规定评定的具有专业技术职称的人员,其职务和待遇由企业自主决定"。面对经济体制改革的新形势,1992年底国务院下发《国务院职称改革工作领导小组关于当前职称改革工作中有关问题的通知》,提出"按照国家统一规定评定和全国统一组织的专业技术资格考试取得的专业技术资格,是专业技术人员水平能力的标志,不与工资等待遇挂钩,可作为企事业单位聘任专业技术职务的依据之一"。

1993年7月,《中华人民共和国科技进步法》发布,其中第四十一条规定:"国家实行专业技术职称制度。科学技术工作者可以根据其学术水平、业务能力和工作实绩,取得相应的职称。"1994年,人事部出台文件《专业技术资格评定试行办法》,对科技人员的中级、高级专业技术资格评定做出规定,明确"专业技术资格"的概念,即"专业技术资格是学术技术水平的标志,一般没有岗位、数量的限制,不与工资等待遇挂钩,可作为聘任专业技术职务的依据。国家通过制定标准条件,实行宏观控制"。此概念的解释标志着职称由职务向资格的转型。

专业技术人员职业资格是对从事某一职业所必备的学识、技术和能力

---

① 赵德昌.知识分子问题研究[M].太原:山西人民出版社,1989:600.

的基本要求,包括从业资格和执业资格。从业资格是政府规定专业技术人员从事某种专业技术性工作的学识、技术和能力的起点标准;执业资格是政府对某些责任较大、社会通用性强、关系公共利益的专业技术工作实行的准入控制,是专业技术人员依法独立开业或独立从事某种专业技术工作学识、技术和能力的必备标准。所以,当组织(单位)认定人员具备某一职业资格的时候,意味着其既具备了从业资格,也具备了执业资格。

我国建立的第一项专业技术职业资格制度,始见于1986年颁布的《中华人民共和国注册会计师条例》。从1993年开始,国家陆续制定出台各类职业的资格标准。1994年,劳动部、人事部共同颁发了《职业资格证书规定》;1995年,人事部颁发了《职业资格证书制度暂行办法》,对专业技术人员职业资格进行了相应的规定。我国最早开展专业技术资格考试的有经济、会计、统计、审计、计算机软件等,且限于初级、中级职称;改革发展到今天,实行国家统一职业资格考试的专业类别主要有10个,分别是经济、会计、统计、审计、卫生技术、船舶、翻译、出版、通信、计算机技术与软件,初级、中级职称考试成绩合格即视为取得相应职称,不再进行职称评审或认定;高级职称(正高级、副高级)实行"考评结合",即申报人须先取得相应等级的资格证书并在有效期内,再向所在组织(单位)提出申报评审高级职称,履行相应的评审程序。

如今,职称的获得既可以通过国家统一的职业资格考试考取,也可以通过专业的学术委员会评审认定。一般而言,具备职称评定条件的人员不用参加全国职业资格考试,可以直接参加职称评审,政府机关、国有企事业单位等均予认可,并且可以将职称评审档案调入所在单位或主管人事部门。但那种认为职称或资格一旦评上就终身有效的观点也是错误的,如人才流动时,入职单位可以根据实际情况重新确认人员是否符合新聘任职务(岗位)的资格。

二、职称评审制度

文明诞生以来,制度就与人类息息相关。我国对于制度的认知,始见于《周易》:"天地节,而四时成。节以制度,不伤财,不害民。"意为天地有节制,四季才得以形成;君主以制度来节制,就能不浪费资财、损害民众。可见,对制度最初的定位有我们今天所理解的规则、约束之意。

职称评审制度作为我国专业技术人员评价和管理的制度，主要包括体系结构、评审机制和评价结果的使用三方面。体系结构是专业技术职务系列框架的概括性描述，包括职称系列和层级设计等，如我国现行的职称系列有 29 个，包括高等学校教师、卫生技术人员、工程技术人员、实验技术人员等，每个系列均设有高级、中级、初级三个层次，对应着 13 个岗位等级。评审机制是职称评审制度的核心，包括评审标准、评审方法和评审程序等，也是本书的重点研究对象。评价结果的使用是职称作用的体现，主要反映了评聘关系，目前我国有评聘结合和评聘分离两种模式。

职称评审制度作为职称制度的核心，是发挥职称评价"指挥棒""风向标"作用的关键所在。根据上文中对职称内涵的梳理，"职务"的评审与岗位密切相关，一般在岗位结构比例内开展评审，竞争较为激烈；"资格"的评审一般采用社会化方式，即由独立于用人单位和专业技术人员的"第三方"，依据一定的标准和程序对专业技术人员职业能力和学术技术水平进行考核与评价。职称评审制度主要包括评审标准、评审委员会、评审方法和程序三个方面。

1. 评审标准

我国有"玉尺量才"的说法，玉尺就是标准。评审标准是职称评审的依据，是职称评审活动中应用于评价对象的价值尺度和界限。基于"职务"的职称评审标准总体依据"用人做事"原则加以确定，重点考察专业技术人员的职业道德、专业性、技术性、实践性、创造性，以及履行岗位职责的工作绩效、创新成果的经济效益和社会效益等，即专业技术职务任职条件。而社会化的评价标准则需要以职业分类为基础、以职业能力为导向，形成体现不同职业特点和各类人才成长规律的职业能力标准。总体来看，评审标准包括品德、学历、资历、能力和业绩等维度。

（1）品德

自古以来"德才兼备""以德为先"是对人才的基础评价标准。我们党对于干部提出的"德"的要求，包括政治品质、社会公德、职业道德、个人品德和家庭美德五个方面①。职称作为专业技术人员的评价制度,无论作为"职务"还是"资格",对"德"都有明确的要求,由于职称是专业技术人员学术技术水平的体现,因此,在德的方面更加注重考核的是职业道德,强调职业操守和社会责任。

（2）学历

学历是一个人受教育的经历,一般表明其具有的文化程度。专业技术职务是需要具备专门的业务知识和技术水平才能担负的工作岗位,因此,在各个专业技术职务系列都有对学历的基本要求。一般而言,初级职称要求中专及以上学历,中级职称要求专科及以上学历,高级职称要求本科及以上学历。但也有一些职称系列并不注重学历的要求,比如,农业系列职称对学历的要求相对较低,专科学历也可以评高级职称。对担任专业技术职务的学历要求问题,要始终坚持既重视学历又不唯学历的原则。重视学历,是保证评审质量的主要措施之一,因为学历代表着专业技术人员掌握专业基础知识的广度和深度,同时,不同的学历反映了不同的培养目标,而人才的培养目标和使用目标应该是一致的;重视学历,也涉及国家教育政策导向问题,关系到国家未来的兴衰。不唯学历,就是对虽然不具备规定学历,但确有真才实学的专业技术人员,也可以按照一定的条件进行评审,根据德才兼备原则和工作需要聘任相应的专业技术职务②。

（3）资历

职称评审制度中,一般都有任职资历的要求,任职资历是指受聘担任某一职务的工作年限。不同的级别、不同的学历对应不同的任职资历要求。一般情况下,初级职称申报中级职称,要求专科学历、聘任初级职称满5年或本科学历、聘任初级职称满4年;中级职称申报高级职称,要求本科以上学历、聘任中级职称满5年或博士研究生、聘任中级职称满2年。任职资历按受聘专业技术职务时间计算,从受聘之月起计算到申报截止时间,这个计算时间须是周年,而非虚年。

---

① 中组部.关于加强对干部德的考核意见[EB/OL].(2011-11-03)[2023-05-10].https://www.gov.cn/govweb/jrzg/2011-11/03/content_1985540.htm.

② 江苏省人事厅.人事部职位职称司《关于贯彻人职发〔1990〕4号文件有关问题的解答》[Z]//职称工作文件选编,1998:67-71.

（4）能力和业绩

能力和业绩是用来表明专业技术人员是否能够很好地完成并胜任专业技术工作的主要证据。能力是指专业技术人员掌握的与工作相关的能力和技术水平，以及与未来发展相关的潜在能力。业绩是指专业技术人员从事该项专业工作以来所取得的成绩，包括承担工作情况、突出表现、获得的奖项等。长期以来，为了便于评价，能力和业绩的要求逐渐变成"论文、著作、项目、所获奖项"等成果要求，同时提倡"对不具备专业技术职务试行条例规定的学历、资历条件，但确有真才实学、成绩显著、贡献突出的，可根据具体情况和工作需要破格评聘专业技术职务"①。

2. 评审委员会

评审委员会作为职称评审的专门机构，"是负责评议、审定专业技术人员是否符合相应专业技术职务任职条件的组织"②。其组建直接影响着评价的公正性、科学性，是职称评价的重要影响因素。评审委员会的组建有一定的要求，如应由具有较高的专业技术水平或担任较高专业技术职务的专家组成，其中对专家的人数、年龄、职称结构、外部专家人数等有一定要求，具体由各地、各有关部门和单位制定。评审委员会可以是常设的，也可以根据职能需要临时组建。同时，评审委员会按系列、按级别组建，不能建立综合性评审委员会。

职称评审权下放以后，具备评审条件的单位（组织）可以根据评审委员会的基本条件直接组建，报上一级主管部门核准备案即可；若本单位专业技术力量薄弱，不能成立评审委员会的，可以由上一级组织的评审委员会或聘请外单位专家与本单位专家共同组成的评审委员会承担评审任务。

3. 评审方法和程序

为了客观公正地测定申报人员的任职条件和履行职责的能力、水平，职称评审实行考试、考核、评审等不同方式或几种方式相结合，对不同系列、不同层次各有侧重的办法，具体内容和方式由各地区、各部门确定。按照规定，职称评审工作坚持民主程序，评审办法、评审条件、岗位数额等应向广大

---

① 江苏省人事厅. 人事部关于印发《企事业单位评聘专业技术职务若干问题暂行规定》的通知[Z]//职称工作文件选编,1998:42-46.

② 江苏省人事厅. 国务院关于发布《关于实行专业技术职务聘任制度的规定》的通知[Z]//职称工作文件选编,1998:11-15.

专业技术人员公布,以提高评审工作的透明度和公开性。申报人员的学术、技术水平和业绩成果(含论文、著作)等基本情况应予公示,广泛听取意见,然后组织一定范围、规模的答辩会,以测定被评审人的实际水平,作为评审的重要依据。

本书主要研究高校教师的职称评审制度,主要指具有高校教师职称评审权的高校或政府相关部门,根据工作程序,按照评价标准,对高校教师的思想道德、教育教学水平、科研业绩成果等方面进行评议,最终确定高校教师职称等级的工作制度。这项制度安排,一方面关乎学术评价和资源配置的公正合理性;另一方面也涉及教师的学术诉求和自我价值的实现[①]。从广泛意义上来看,凡是在高校从事行政管理、教学科研的工作人员都是高校教师,在其单位工作若干年后,都会涉及职称评审与晋升问题。

三、地方本科院校

1. 定义

我国的全日制普通高等学校,大致由三种类型的高校组成:学术型与若干特色型大学,一般为教育部直属或有关部委所属大学;应用型高校,一般为地方本科院校;职业型高校,一般为高职高专院校。截至2022年12月,全国共有高等学校3 013所,其中,普通本科学校1 239所(含独立学院164所),本科层次职业学校32所,高职(专科)学校1 489所,成人高等学校253所。普通高校中,中央部委直属的普通高校占比4.3%,其余为省级政府或省级教育行政部门管理的地方普通高校(简称地方高校),占比高达95.7%。

地方高校是指隶属各省(自治区、直辖市)以及香港特别行政区和澳门特别行政区,由省级政府或省级教育行政部门管理的普通高等学校。随着我国高等教育管理体制的不断完善,地方高校的数量和规模不断提升。在普通本科院校中,地方本科院校占比九成以上,其是本科院校的重要组成部分、本科教育的主体力量。随着我国高等教育向大众化教育阶段的过渡,多样化已成为高等教育发展的主要特征,地方本科院校介于中央部委直属的

---

① 赵梁红.基于公平的高校教师职称评审制度的构建[J].中国高教研究,2009(11):64-66.

研究型大学和高职类职业型院校之间,是我国高等教育体系建构中不可替代的中坚力量。

地方本科院校主要遵循服务地方的原则,坚持以地方经济建设和社会发展为主要的服务方向,根据地方经济和产业机构的特征建设学科、设置专业,成为地方的人才培养中心、科技创新中心①。这是区域和行业经济发展的客观要求,也是学校自身赖以生存和发展的根本所在。

2. 特征

地方本科院校不同于研究型、职业型院校的本质在于,它是结合学科和行业分设专业,培养面向社会一线的应用型高级专门人才,以行业性为主导,以专业性为主线,以应用型为主体,以本科为主流,以实践性为主载,突出强调专门性、针对性、实践性和行业性。

(1) 地方本科院校以"区域或行业"为主导

由于地方本科院校在管理体制上属于所在地政府,在服务面向上主要定位于省(自治区、直辖市)、地级市,其生源以当地学生为主,学生毕业后多数留在本地就业,服务于地方特定行业。因此,地方本科院校应当从自身所处的区位、地域特色和行业发展的特定结构、特定背景出发,对办学目标体系中的各项指标,科学地、恰当地、实事求是地定位,而不能脱离本地区的行业发展实际,不顾学校自身的综合实力,盲目追求高层次、高水平、高指标。

地方本科院校必须明确"主要为地方培养人才"的根本任务,主动适应地方科学技术、教育文化和经济建设的需要,一方面要坚持为地方经济和社会发展服务;另一方面要尽力以地方为依托,不断拓展学校自身的生存和发展空间。地方本科院校只有充分适应地方行业经济增长方式转变和产业结构调整优化的需要,紧密结合地方社会经济发展特性和行业需求来确定办学方向,才能使培养的人才与地方社会经济发展相适应,并切实担负起对地方优势行业和支柱产业的重要支撑作用,实现高等教育与地方社会经济的协调发展。

(2) 地方本科院校应以"应用"为主体

在高等教育多样化和大众化背景下,地方本科院校应发展成应用型院校。如前所述,专业性代表了高等教育的根本属性,而高等教育既可以是侧

---

① 潘懋元,车如山.做强地方本科院校——地方本科院校的定位与特征研究[J].中国高教研究,2009(12):15-18.

重学科的专业性教育,也可以是侧重应用的专业性教育,两者存在着职能属性与培养方向上的差异。学科性的专业教育以研究高深学问、培养高层次研究型人才为标志,应用性的专业教育以满足多样化社会需求、培养高素质应用型人才为标志。地方本科院校主要定位于应用型院校,这种教育与侧重学科性研究的普通大学教育同型异质。同时,依据国际教育分类标准,学术型或研究型高等教育(含工程科学教育)类属学科性研究型的高等教育,工程应用型和技术应用型高等教育则类属专业性应用型的高等教育。地方本科院校介于学科性研究型教育和职业性技术型教育之间,涵盖工程应用型和技术应用型教育、以本科层次为主的第二类型专业性应用型教育。因此,其教育类型定位应以专业性为特征、以应用型为主体。

(3)地方本科院校应以"专业"为主线

地方本科院校的专业内涵与专业结构既强调较强的专业应用性,又具备适度宽厚的学科基础;既有突出行业背景的应用性专业作为坚实平台,又有一定学科背景的宽口径专业或体现应用特征的主干学科和相关学科作为有力支撑。因此,一方面,地方本科院校必须注重专业结构优化,对基础学科专业应当在保护的前提下进行应用性方向的改造,对产业技术含量高的通用性专业应加强宽口径整合和专业群建设,对培养新型复合型专业性应用人才的交叉型专业应优先发展,对地方经济发展特别是对地方产业升级和支柱产业具有人才支撑、技术支撑重要作用的应用型专业应重点加强建设,倾力打造成优势专业和特色专业;另一方面,地方本科院校必须按照"培养基础扎实、知识面宽、能力强、素质高的高级专门人才"的总体要求,构建独具特色的应用型人才培养方案,着力促进应用型人才培养模式的整体改革。

(4)地方本科院校应以"教学"为中心

高等教育的职能包括教学、科研和社会服务。如果说研究型大学以科研作为其凸显特征,那么,地方本科院校则立足于自身定位特征,以地方应用型人才培养为核心,更加强调教学职能的实现。可以说,教学是地方本科院校人才培养的中心。地方本科院校要确立教学的中心地位,以专业性人才培养模式体现应用型教育的鲜明特色。地方本科院校的教学既不同于传统的研究型大学,也有别于高职高专,在人才培养方面具有自身独特的个性特征:既强调知识结构的基础性和综合性,又强调能力素质的实践性和综合性;既强调系统的专业理论知识的掌握,又强调专业实践能力的培养,还强调创新能力的培养。

另外,地方本科院校还应重视学科建设和科研。大学是以学科为基础建构起来的学术组织,学科是承载教学、科研和社会服务的基础,是地方本科院校提升人才培养和科学研究水平、开发专业建设优质资源的重要基础,是增强学校核心竞争力、形成办学实力的标志。地方本科院校也应切实开展一定的应用性研究和科技服务,形成可持续发展的优势。

(5)地方本科院校应以"实践"为载体

地方本科院校承担培养具有创新精神和实践能力的应用型高级专门人才的任务,其主要载体或途径在于加强实践性教学。实践性教学是应用型人才培养的重要组成部分。地方本科院校要培养学生的实践能力,就必须加大实践性教学的比重,强化实验课教学、实习与实训教学、课程设计或社会实践、毕业设计或毕业论文等实践性教学环节,通过实践性教学的系统严格训练,加强与工作体系、工作过程的对接,以提高人才的专业应用能力、开发设计能力、技术创新能力和综合职业素养,切实增强人才培养的专业应用性核心竞争力。

实践性教学的重要途径是产学研合作。产学研合作不仅是高等教育的方针政策,而且是现代社会发展的普遍规律,是培养应用型人才、提高教育质量的重要途径。其中,"学"主要是传承知识,"研"主要是创新知识,"产"主要是应用知识,三者本质上都是知识运行的活动形式,存在相互依存的关系和内在本质联系。产学研结合重在发挥实践性教学的主导性,将应用型人才培养计划与行业企业的用人标准实现融通对接,以合作教育为切入点,以人才培养为根本点,有针对性地培养实践能力强的应用型人才[1]。

四、"破五唯"与"代表性成果"

(一)"破五唯"的概念

2016年,中共中央、教育部先后出台要求克服"三唯"(唯学历、唯职称和唯论文)的政策。2018年,相关部门在"三唯"基础上加入了"唯奖项",并组

---

① 潘懋元,车如山.做强地方本科院校的理论与实践研究[M].北京:高等教育出版社,2016.

织了"四唯"专项清理行动。2018 年 11 月,教育部在《关于开展清理"唯论文、唯帽子、唯职称、唯学历、唯奖项"专项行动的通知》中加入了"唯帽子",要求高校开展清理"五唯"的专项行动,进一步扭转不科学教育评价导向,简称"五唯"清理,"五唯"正式成为政策术语(见表 1-2)。"五唯"是对高等教育场域中人才评价制度过分追求"论文、称号、职称、学历、奖项"等量化指标的形象隐喻。

表 1-2 "破五唯"的演变历程

时间	文件	内容摘录
2016 年 3 月 21 日	中共中央印发《关于深化人才发展体制机制改革的意见》	注重凭能力、实绩和贡献评价人才,克服唯学历、唯职称、唯论文等倾向
2016 年 8 月 25 日	教育部发布《关于深化高校教师考核评价制度改革的指导意见》	注重凭能力、实绩和贡献评价教师,克服唯学历、唯职称和唯论文等倾向
2016 年 11 月 1 日	中央全面深化改革领导小组第二十九次会议审议通过《关于深化职称制度改革的意见》	克服唯学历、唯资历、唯论文倾向,科学客观公正评价专业技术人才
2018 年 7 月 3 日	中共中央办公厅、国务院办公厅印发《关于深化项目评审、人才评价、机构评估改革的意见》	突出品德、能力、业绩导向,克服唯论文、唯职称、唯学历、唯奖项倾向,推行代表作评价制度,注重标志性成果的质量、贡献、影响
2018 年 7 月 18 日	国务院印发《关于优化科研管理提升科研绩效若干措施的通知》	开展"唯论文、唯职称、唯学历"问题集中清理
2018 年 10 月 15 日	科技部、教育部、人力资源和社会保障部、中国科学院和中国工程院《关于开展清理"唯论文、唯职称、唯学历、唯奖项"专项行动的通知》	开展清理"唯论文、唯职称、唯学历、唯奖项"专项行动
2018 年 11 月 7 日	教育部办公厅发布《关于开展清理"唯论文、唯帽子、唯职称、唯学历、唯奖项"专项行动的通知》	在各有关高校开展"唯论文、唯帽子、唯职称、唯学历、唯奖项"清理

(资料来源:中华人民共和国中央人民政府官网、中华人民共和国人力资源和社会保障部官网、中华人民共和国教育部官网、中华人民共和国科学技术部官网)

高校教师职称评审中的"五唯"是指职称评价标准中"唯论文、唯帽子、唯学历、唯奖项、唯项目"的评价倾向,使得职称评审过于注重学术成果和量化指标,忽略了教师教学工作和为社会服务的贡献,带来一系列弊端。

"唯论文"指职称评审中过于强调论文数量和发表情况,将论文作为评价教师科研水平的重要权重标准,这种评价方式容易导致教师过分追求数量,而忽视了论文的质量和影响力。改革的目标是要求在职称评审中不仅仅看重教师的论文数量、影响因子等,更要注重论文的原创性、学术贡献和影响力等。

"唯帽子"指职称评审中过于注重头衔,即获得的各类人才称号,如"长江学者""杰青""教学名师"等。人才称号是对人才阶段性学术成就、贡献和影响力的一种肯定,往往具有终身性,并带有一定的光环效应。职称评价中,对人才称号的重视容易造成教师过于追求称号和头衔,甚至带有一定的功利性,不利于教师真正潜心于教学和科研水平的提升,也忽略了教师的实际能力和贡献。改革的目标是要打破唯头衔的评价偏好,更加注重教师的实际工作表现。

"唯学历"指职称评审中过于重视学历背景,将学历作为评价教师能力的重要依据。在传统的职称评审中,学历往往是一个重要的评价指标,高学历被视为教师学术水平的象征。然而,学历并不能全面反映出教师的教学能力、学术水平、师德师风等综合素质。改革的目标是克服对学历的过度依赖,将重心转向教师的实际工作能力和综合素质。

"唯奖项"指职称评审中过于重视获得荣誉奖项的数量。然而,获得奖项的级别和数量并不能完全代表教师的学术水平和教学质量。改革的目标是要克服对奖项评价过高的倾向,更加注重教师的综合素质、教学能力、学术贡献和实际工作表现。

"唯项目"指职称评审中将主持的科研项目数量、级别、经费等作为评价教师学术水平的重要指标。一般根据经费来源,将从政府取得的科研项目作为纵向项目,从企业等市场化渠道获得的项目作为横向项目,按照国家级、省部级、市厅级、横向等不同层级进行划分和管理。项目曾一度被视为职称评审中的重要指标,忽视了教师其他方面的综合素质。

"破五唯"是指在职称评审中打破对"五唯"的依赖,以品德、能力、业绩、贡献等要素,全面、科学、合理地评价高校教师。

(二)代表性成果

1. 概念

代表作与代表性成果的提出几乎是同时的,但两者的内涵和外延不太一样。2003年,南开大学在对教师进行学术成果评价和职称评审中试行代表作制度,意在解决学术成果评定机制中"重数量、轻质量"的问题,同时落实"教授治学"的理念,进一步发挥教授在教师聘任和职务晋升中的作用。与代表作制度相关的具体措施为申请人须提出代表自己学术水平的成果(一部著作或两篇论文),就该成果涵盖的学术范围、选题意义、相关研究状况及该成果在理论、实践等方面的创新点和学术水平的综合评价等方面做出具体说明;同时,南开大学建立健全"教授会议"评议制度。申请人向"教授会议"报告工作,"教授会议"对申请人进行审议并不记名提出意见,若否定意见超过半数视为不通过。

2004 年,清华大学在文科院系实行代表性学术成果评价。评价指标体系的框架由学校负责统筹制定,具体评价指标的权重和分值则由文科院系根据自身发展特色制定,此举既将部分权力下放,发挥二级院系部门管理的主动性和积极性,也有利于不同学科形成各具特色的、完善的评价体系。

2004 年,蔡曙山相继发表《"代表性学术成果"是哲学社会科学评价的重要指标》《代表性学术成果作为艺术人文与社会科学评价指标的意义——兼论 CSSCI 的科学评价功能及其发展方向》,基于南开大学、清华大学试行代表作制度取得的进步,将"代表性成果"的概念带入更广泛的学术界视野。他在文中提出,代表性学术成果是能够反映该学科领域的学术水平和学术地位的成果,可分解为代表性学术著作和代表性学术论文 2 项具体的指标,主要定位于对人文社会科学类的评价。代表性学术成果在对学术精品的产生、对质量并重的评价机制的建立、对学术的规范和对良好学风的形成等方面都具有非常重要的意义[1][2]。南开大学、清华大学试行的代表作评价模式,为普通高校实行代表性成果评价奠定了基础,经过不断改进和完善,至今被广泛运用。

2. 外延的拓展

2008 年,全国高校广泛推行岗位设置、聘任与考核的人事制度改革,代表性成果在平衡科研成果"量"与"质"的矛盾中得到肯定,经过不断地实践与论证,代表性成果的范围也不再局限于著作和论文。2012 年,复旦大学在全校教师高级职务聘任中实施"代表性成果"评价机制,从最初文科院系中

---

① 蔡曙山. "代表性学术成果"是哲学社会科学评价的重要指标[J]. 中国高等教育,2004,25(23):38-39.

② 蔡曙山. 代表性学术成果作为艺术人文与社会科学评价指标的意义——兼论 CSSCI 的科学评价功能及其发展方向[J]. 江西社会科学,2004(6):208-220.

的代表性论著的评价,扩展到所有学科教师的教学、科研、社会服务等不同维度的评价,体现出代表性成果概念的多样化和多维性。2013年11月,教育部在《关于深化高等学校科技评价改革的意见》中提出,对主要从事创新性研究的科技活动人员实行代表性成果为重点的评价。此后,代表性成果评价机制先后在《关于深化高校教师考核评价制度改革的指导意见》《关于分类推进人才评价机制改革的指导意见》《深化新时代教育评价改革总体方案》等文件中被陆续强化提及,并在高校师资队伍建设、教育评价、高层次人才发展等考核体系中得到实践运用。由此,代表性成果的运用范围被慢慢扩大,不再局限于哲学社会科学领域的成果,而是拓展到自然科学领域的成果。

3. 内涵的丰富

《关于深化职称制度改革的意见》提出,推行代表作制度,重点考察研究成果和创作作品质量,淡化论文数量要求,探索以专利成果、项目报告、工作总结、工程方案、设计文件、教案、病历等成果形式替代论文要求。2018年7月,中共中央办公厅、国务院办公厅印发了《关于深化项目评审、人才评价、机构评估改革的意见》,明确推行代表作评价制度,注重标志性成果的质量、贡献、影响。把学科领域活跃度和影响力、重要学术组织或期刊任职、研发成果原创性、成果转化效益、科技服务满意度等作为重要评价指标。SCI和核心期刊论文发表数量、论文引用榜单和影响因子排名等仅作为评价参考。2019年4月,人社部、科技部联合印发《关于深化自然科学研究人员职称制度改革的指导意见》,推行代表作制度,将自然科学研究人员的代表性成果作为职称评审的重要内容,注重标志性成果的质量、贡献和影响力,改变片面地将论文、著作、专利、资金数量等与职称评审直接挂钩的做法。丰富代表作形式,项目成果、研究报告、专著译著、技术标准规范等均可作为代表作。由此,代表性成果的内容不再限于论文,形式更加丰富、更加多样化。

从代表作到代表性成果的转变,其外延和内涵均发生了变化,高校教师在职称评审中呈现出学科多样化、成果内容和形式多样化等复杂形态,代表性成果的概念及其呈现出来的意义比代表作更合理。

从相关政策规定来看,代表性成果评价是一种被倡导和探索的评价机制,并不是强制性的规定,体现了我国高等教育评价的战略转变,摒弃了纯粹的量化指标体系,突出了学术本位、学术创新性的指导思想。同时,我们也该意识到,代表性成果评价是高校教师评价中的一种重要机制,但不能解决高校职称评审中的所有矛盾,不是放之四海而皆准的通行证,也有可能会引发新的矛盾,值得我们去探索与思考。

第四节　研究方法与基础理论

一、研究方法

(一) 政策文本分析法

政策文本分析法是介于定量与定性分析之间的一种实证研究方法,通过一系列的归纳提炼,将文本中所包含的非结构化信息转换为可用来进行量化分析的结构化表达形态。换言之,政策文本分析法就是研究者对文字记载的再诠释和组织化过程。其主要包括两个层面的意思:一是对文本信息的归纳。基于对相关文本特征的描述、概括和总结,对研究进行比较、推理和引申,以获得有意义的理论联系。二是对文本信息的演绎。结合相关的背景信息和时代要求对文本进行词频分析和内容分析,深入剖析和挖掘高校教师职称评审制度所隐藏的深层信息[①]。

1. 政策文本选择

为了回答地方本科院校教师职称评审制度改革的现状与困境是什么等具体问题,需要从不同角度对政策文本进行解读与阐释。研究将主要通过网络搜索、官网查询等途径,收集各类有关高校教师职称制度改革的相关政策文本。为了体现政策文本的权威性,研究选取的分析对象主要包括中共中央、国务院、教育部等国家层面制定的有关职称制度改革的战略目标和具体要求的相关文件(见表1-3)。

---

① 张曦琳.高校教师学术评价机制变革研究[D].上海:华东师范大学,2022.

表 1-3　高校教师职称制度改革的相关政策文件

序号	政策名称	发文机构	时间
1	国家中长期教育改革和发展规划纲要(2010—2020 年)	国家中长期教育改革和发展纲要工作小组办公室	2010.07
2	关于深化人才发展体制机制改革的意见	中共中央	2016.03
3	关于深化职称制度改革的意见	中共中央办公厅、国务院办公厅	2017.01
4	关于深化高等教育领域简政放权放管结合优化服务改革的若干意见	教育部等五部门	2017.03
5	高校教师职称评审监管暂行办法	教育部、人社部	2017.10
6	关于在部分职称系列设置正高级职称有关问题的通知	人社部办公厅	2017.11
7	关于全面深化新时代教师队伍建设改革的意见	中共中央、国务院	2018.01
8	关于分类推进人才评价机制改革的指导意见	中共中央办公厅、国务院办公厅	2018.02
9	关于深化项目评审、人才评价、机构评估改革的意见	中共中央办公厅、国务院办公厅	2018.07
10	职称评审管理暂行规定	人社部	2019.07
11	深化新时代教育评价改革总体方案	中共中央、国务院	2020.10
12	关于加强新时代高校教师队伍建设改革的指导意见	教育部等六部门	2020.12
13	关于深化高等学校教师职称制度改革的指导意见	人社部、教育部	2020.12

2. 政策文本分析

系统梳理我国高校职称评审制度的发展演变和历史脉络,了解我国高校教师职称评审制度改革的政策现状,是本书研究的重要前提和基础。基于此,研究通过对相关政策定性分析,并对相关政策文本进行内容分析;将现有相关政策文件或他人实证研究的结果作为原始资料进行理论思考,在一定程度上保证研究的有效性。以此为依据研究我国高校教师职称评审制度的变化,进而对地方本科院校职称评审的现状与潜在问题进行考察和分析,为分析评审制度改革存在的问题提供证据支撑。

(二)文献研究法

利用文献进行研究能够让研究者在不直接接触被研究者的条件下进行,且有助于进行时间跨度很大的纵向分析和空间跨度很大的横向分析。文献研究法,简单来说,就是通过广泛地收集、查阅和分析与研究主题相关的文献,包括文献检索、整理、提炼和文献分析等,从中认识某种现象或获得某种结论的研究方法。本书通过文献研究法主要实现如下目标:查阅和梳理国内高校教师职称评审的相关政策条规,出台的背景,相关的研究成果,国外高校教师职称评审的经验、优势和弊端,有哪些经验和建议值得借鉴等,为本研究的开展提供资料保证。

(三)比较分析法

有比较才有鉴别,有鉴别才能进行适当的选择,比较的最终目的是寻求最恰当的制度模式。比较研究法是从事教育科学研究的基本方法之一,即根据一定的标准对两个或两个以上有联系的事物进行考察,寻找其异同,探求教育之普遍规律与特殊规律的方法[①]。由于教育研究的复杂性和研究者研究视角的多样性,比较研究法也是多种多样的。结合实际需要,本研究主要采用横向比较法,既考察同一高校不同类型的职称评审标准的区别,也考察不同高校相同类型的职称评审标准的异同。

二、基础理论

(一)人力资源理论

人力资源管理,是利用人力资源完成组织目标所采用的各种方法和技术,是对人力资源进行有效开发、合理配置、充分利用和科学管理的制度、程序和方法的总和[②]。人力资源研究的内容主要包括人力资源规划、工作岗位

---

① 袁振国.教育研究方法[M].北京:高等教育出版社,2000.
② 王国颖,陈天祥.人力资源管理[M].3版.广州:中山大学出版社,2008.

分析、人员招聘、培训发展、绩效考核、薪酬待遇等,强调人、事之间的最优化组合。

高校教师队伍的研究属于人力资源的研究范畴,高校教师在培养人才、科学研究、社会服务方面都体现出人力资源管理的特征,高校应该充分利用人力资源理论,进一步提升高校教师人力资源配置,有效开发教师的人力资源。

(二)激励理论

激励是激发员工的工作动机,调动其工作积极性,以完成组织目标和任务。激励理论主要有两个研究方向:一是内容型激励,探讨如何满足员工的需要进而调动其工作积极性;二是过程型激励,探讨在满足需要的过程中如何引导以最大化发挥效用。激励理论的运作方式是运用管理手段和激励方法实现员工贡献率的最大化。

高校教师职称评聘制度的实质在于激励教师,激励理论的观点对于高校教师职称评聘制度的发展具有重要的启示和指导作用。激励存在的目的在于激发人的积极行为,调动人的积极性和创造性,以充分发挥人的智力效应,体现出最大价值。本书中运用到的激励理论主要有需要理论、期望理论、公平理论。

1. 需要理论

人的外在行为多由其内在需要所激发,而一个人在组织中从事的工作及因工作获取的回报,往往是满足其内在需要的主要途径。人的内在需要能够得到满足,不仅会增加对组织的认同感,同时伴随人的需求层次的更新、提升和满足,工作动力会随之增强。

人们的动机、行为和情绪会受到未被满足的显性需求的影响,职称作为高校教师职业生涯发展的重要标志,教师对职称有不同程度的需求。如果职称评价标准与教师的需求相匹配,那么将会对大多数教师产生激励效应,显著增强激励效果;如果职称评价标准削弱了教师对职称的追求,那么职称评审制度将难以发挥作用。

2. 期望理论

期望理论由美国心理学家弗鲁姆提出,该理论认为,人们之所以采取行为,是因为他觉得这种行为可以达到某种结果,并且这种结果对他有一定的价值。换言之,动机激励水平取决于人们认为在多大程度上可以达到预计的结果,以及自己的努力对满足个人需要是否有意义,即 $M = E \cdot V$。由此可以看出,人们选择做或不做某项工作或是否有动力做某项工作,主要取决于三个具体因素:第一,员工对自己完成工作能力的预判;第二,员工的期望值,即认为这样做会带来怎样的回报;第三,员工对结果的偏好。

期望理论强调情境性,带有辩证思维,具有较大的综合性和适用性,给我们一定的启示:(1) 价值 V 应当是综合性的,它既可以是精神层面的,也可以是物质性的;它可能是正的、负的,也可能是零;V 是各种价值的总和,而不是片面地指某一方面的价值。(2) 同一个目标或奖励,对不同的人所体现的价值是不一样的;即便对于同一个人,同样的目标、奖励在不同的时间,价值也是不一样的。(3) 期望值是当事人的主观判断,与个人的能力、价值观、努力程度等都有直接关联,不同的人会产生不同的看法。

高校教师的职称与工资、学术水平、资源分配等都有关系,合理的评审条件让教师预期能够达到、实现自身价值,便会使其积极确定晋升计划和目标,推动学校科研成果、学术成果的进步。高校教师职称评审制度的发展和完善,在引进和培养人才、优化师资队伍配置、提高学校教学科研水平的整体性能方面,有着巨大的引领和推动作用。

3. 公平理论

公平理论又称社会比较理论,由美国学者亚当斯在综合有关分配的公平概念与认知失调理论的基础上提出。该理论认为一个人投入付出并取得报酬后,不仅会关心自己所得报酬的绝对量,还会关心自己所得报酬的相对量,人们会通过种种比较来确定自己所获报酬是否合理,比较的结果会直接影响今后工作的积极性。

这里的投入包括教育、技能、工作经验、努力程度和时间成本,报酬包括薪酬、福利、成就感、认同感、工作的挑战性等外在和内在的报偿。当事人用来比较的对象主要是自己和他人,比较的形式分为自我比较(纵向比较)和社会比较(横向比较)。通过自我比较或社会比较,会出现两种感知结果:公平和不公平。当人们感到不公平时,会改变自己的行为,比如,改变自己的投入,改变自己的付出,改变自我认知,改变对他人的看法,选择另外的比较对象,抱怨、愤怒、情绪衰竭直至离职,等等[①]。

公平理论提出的观点是客观存在的,但公平本身却是一个相当复杂的问题,主要是因为:(1)公平感与个人的主观判断有关。一般人总是对自己的投入估计过高,对别人的投入估计过低,无论是对自己还是他人的投入、付出都是个人的感觉和判断,不一定客观。(2)公平感与个人所持的公平标准有关。(3)公平感与绩效的评定有关。(4)公平感与评定人员有关。

在高校教师的职称评审中,"公平"是非常重要的检视环节,甚至超越了评审的结果。公平理论给我们的启示主要有:(1)高校在制定职称评审制度时,既要考虑评价标准的整体统一,也要统筹学科间的差异和平衡,如对学历、任职年限的要求具有统一性,但是对不同学科的成果要求要有所区别,无论统一还是区分的标准,都能达到"公平"感知。(2)职称评审制度应公开、公平、公正,程序上的公开、公平、公正能弥补制度上的不足,即高校教师对公平的诉求,可能会超越评审结果本身。(3)公平感更多来源于主观判断,职称评审中应注意对教师公平心理的疏导,引导其树立正确的公平观念。

第二章

我国职称评审制度的发展历程

　　新中国成立以来,我国的职称制度主要经历了技术职务任命制(1949—1965年)、专业技术职称评定制(1977—1983年)、专业技术职务聘任制(1986年至今)的发展过程。专业技术职务聘任制又可以细化为以职务管理为导向的聘任制阶段(1986—1995年)、以岗位设置为导向的职务与资格并行管理阶段(1995—2016年)和以人才分类评价机制为导向的深化制度改革阶段(2016年至今)。我国职称评审制度的发展历程是研究高校教师职称评审制度的基础,本章主要梳理出我国职称评审制度的演变历程,以解析宏观背景变化下高校教师职称评审制度的改革路径。

第一节　技术职务任命制

　　1949年至1965年,我国没有十分明确的职称文件规定,职务作为等级工资制的组成部分,主要为解决工资待遇问题,实行领导任命制。新中国成立之初,中央人民政府本着维持原职原薪的政策,对专业技术人员原有的任职资格、学衔、职务等学术等级一律予以保留,并认可其继续发挥作用。这段时期的专业技术人员归为"国家干部"序列,其职务等同于行政级别,享受相应的工资待遇。职务制度作为专业技术干部管理制度的重要组成部分,实行技术职务任命制和职务等级工资制,职务由各单位行政领导和组织部门考核任命,发放对应等级的工资。

　　1952年和1956年,国家先后进行了两次工资改革,试图解决全国工资等级混乱的情况,实施一套相对完善统一的"职务等级工资制"。在1956年以前,我国没有成文的职务制度,职务(职名)的出现主要是为了解决工资待遇问题。1956年以后,全国工资第二次调升后基本处于冻结状态,国家干部的职务和工资级别脱节,即职务提升了,工资并不提升,意味着职务提升失去实际意义。所以,我国借鉴并探索苏联的"学衔"制度,根据科学研究人员、高等学校教师在工作岗位上所达到的学术水平、工作能力和工作成就授予学术技术称号,这种"学衔""称号"没有数量限制,一旦授予后终身享有。这一时期的学衔、称号,有别于职称、职务概念,但依然是作为确定工资、政治与生活待遇的依据。

1953 年,国家开始实施第一个五年计划。同年 11 月,中共中央做出《关于加强干部管理工作的决定》,决定建立在中央及各级党委组织部统一管理下的分部分级管理干部体制。由于专业技术干部队伍人员类别复杂,与党政干部比较又有明显的特殊性,管理体制很难深化。1956 年,中共中央在《关于知识分子问题的指示》中指出:"为统一解决许多有关高级知识分子的行政性质的问题,决定在国务院设立专家局。各省、市、自治区在必要的时候,也可以设立类似的机构。"当年便成立了国务院专家局,专家局的成立对改善知识分子的管理工作推动很大,维护了知识分子的权益,极大地改善了高级知识分子的工作、生活条件,提高了他们的政治、社会和经济地位。1958 年,中共中央下放了地方大、中专院校的干部和教师管理权限。1960 年 3 月,国务院颁布《关于高等学校教师职务名称及其确定与提升办法的暂行规定》,作为我国职称方面的第一个文件规定,明确了职务和级别的概念。

这一段时期,职务虽然实行任命制,但也遵循一定的规则和标准。

一、职务任命的意义

1952 年,政务院在《关于颁发各级人民政府供给制工作人员津贴标准及工资制工作人员工资标准的通知》中提出:"评定各个工作人员津贴和工资,在目前情况下,应依其现任职务,结合其'德'、'才',并适当地照顾到其'资历'。担任同一职务的人员,其津贴、工资可以不同。"1954 年,政务院颁发《国家机关工作人员工资、包干费标准及有关事项的命令》提出:"评定国家机关工作人员工资、包干费的级别,应以其现任职务结合其'德'、'才',并适当地照顾其'资历'为原则,防止偏'才'、偏'资历'等偏向。"

1956 年,国务院在《关于工资改革的决定》中规定:"企业职员和技术人员的工资标准,应该根据他们所担任的职务进行统一规定。"随后,各专业技术职务的主管部门相继出台调整工资和改革的标准,比如,高教部在《关于一九五六年全国高等学校教职工工资评定和调整的通知》中明确:"教职员工的工资级别,应根据现任职务,结合'德'、'才'条件和工作成绩,进行评定。评定工资时,不要硬套原来的工资级别,一般应根据每个人的学术水平、工作能力、教学或工作成绩来评定工资级别。"文化部在《关于颁发全国文化事业工作人员工资标准和调整工资的通知》中规定:"评定和提升工作人员级别,应根据工作人员的现任职务,贯彻德才兼备的干部政策,并且适当地照顾其资历。文艺工作人员和其他业务技术人员的工资级别的评定和提升,主要应根据本人当前的艺术或业务技术水平,结合其在人民群众中的地位和影响,同时应当适当地照顾其在艺术或业务工作上的历史功绩。"

林业部在《关于颁发林业事业系统职工工资标准及工资改革中有关问题规定的通知》中规定,技术人员的工资"一般应根据技术能力的高低,任务的大小,工作态度的好坏,工作效果如何及其在技术工作人员中的声望与对国家的贡献等条件"来评定。

1952 年和 1956 年,我国进行了两次工资改革,强调了工资评定标准主要依据专业技术人员的现任职务,辅以德、才以及资历等因素,其中职务是根本,德、才作为职务任命的依据,资历作为主要参考条件,所以职务是兑现工资待遇的重要标志。

二、职务任命标准

职务是指专业技术人员的现任职务,专业技术人员主要包括政府机关技术人员、高等院校教师、科研人员、卫生技术人员、新闻编辑人员、农业技术人员等,对职务的任命主要从品德、才能、资历等方面综合考虑。以高校教师为例,1960 年,国务院颁发《关于高等学校教师职务名称及其确定与提升办法的暂行规定》,其中明确:"高等学校教师职务名称定为:教授、副教授、讲师、助教四级;高等学校教师职务名称的确定和提升,应该以思想政治条件、学识水平和业务工作能力为主要依据;同时,对资历和教龄也必须加以照顾。"思想政治条件即"品德"的要求,学识水平和业务工作能力即"才能"的要求,资历和教龄即"资历"的要求。

"品德"是指工作人员的政治思想品质。对于各类各级人员"品德"的要求,一般是共通的,但有时也对不同部门、不同行业的工作人员提出专业性的要求。例如,1952 年,中央人民政府人事部、卫生部在其发布的联合通知中规定:卫生技术人员的"品德"的要求是政治立场坚定,服从组织;遵守纪律、制度;爱护病员;工作积极,认真负责;作风正派,忠诚老实;联系群众,努力并虚心学习;能批评与自我批评。卫生部《中医人员评定工资等级的参考条件》中亦规定:对中医人员工资级别的评定,在"品德"的方面要考虑其工作作风、对病人的服务态度及思想要求进步等。

"才能"是指工作人员担负某一种业务工作的能力。对于各类各级人员"才能"的要求是不同的。例如,1954 年,卫生部颁发的《卫生技术人员评定工资等级标准》中,对卫生技术人员的"才"提出了不同程度的六个等级的要求,其中第一等(适用于一至四级的主任医师、主任药师、主任技师等)要求:(1) 精通本科与熟知有关各科理论,能掌握本科全面业务并能解决技术上的重大疑难问题;(2) 了解本科技术上最新进展的情况,能领导教学研究工作,在学术上有著述和创造;(3) 能组织领导其下级卫生技术人员改进工作,提高业务,有显著成绩。第三等(适用于九至十二级的主治医师、药师、技师等)要求:(1) 通晓本科理论,技术熟练,能单独解决本科业务问题;(2) 能了解本科近代科学研究情况及理论之发展。第六等(适用于二十三至二十六级的技术员、护理员、防疫员等)要求:初步了解本科的一般知识,能做一般的技术操作。不同等级的要求不一样,级别越高对理论知识、实践能力的要求越高。

"资历"是指工作人员参加工作、任职职务的年限及对所从事工作的贡献等。"资历"一般不作为评定某一工资级别的必备条件,只是作为评级的参考因素。评定同样一个职务的不同级别,除了考虑品德、才能条件外,在很大程度上还要考虑其资历。比如,根据一定的品德、才能条件,某二人同被确定为医师,其中一人为国内高等医药学校毕业,从事医药工作三年以上,而另一人为同所院校毕业但从事该项工作六年以上,通常后者评定级别会高于前者。

因为涉及工资待遇,所以单位中每年任命的岗位数量是有限的,且以初级职务的任命为主。职务任命的标准主要从以上三方面考虑,可以看出"品德"是首要条件;其次,对于"才能"的要求尚未形成具体的标准,但是要在不同等级的任命标准上体现出差异性;最后,当职务相同时,资历成为确定级别的重要因素。

三、职务考核

新中国成立初期,专业技术人员属于国家干部,职务考核属于干部考核的一项重要内容,由技术干部管理部门根据业务和行政管理的需要进行考核。国家人事部负责制定考核专业技术干部的具体规定和有关标准,具体考核工作按照干部管理权限分工进行。

干部考核一般是根据干部的类别及其所担任职务,采用不同的方式进行,对专业技术干部一般进行任职期满考核与年度考核两种考核方式。任职期满考核主要是考核组(年度考核一般要求成立临时性的,由有关领导和群众参与的考核委员会)通过听取个人述职、群众评议,与被考核人及其工作相关的干部群众谈话等方式进行。考核组在广泛听取群众和有关方面意见的基础上,对被考核者做出客观、全面的评价,形成书面材料上报干部管理部门或任免机关。考核的结果由考核组向被考核者本人谈话反馈,肯定被考核者的工作成绩,指出其应当注意、克服的缺点。对专业技术干部的考核,一般采用业务部门与人事部门相配合,专家、领导和群众相结合的组织形式,侧重考核其专业技术水平、工作成果等。

四、小结

1949 年至 1965 年这段时期,职称虽然没有明确的概念,但是解决了专业技术人员的待遇问题,发挥了较大的实际作用。总结下来,有以下几个特征:(1) 职务名称是职务等级工资制的重要组成部分;(2) 职务级别等同于行政级别,与等级工资制挂钩,统一实行 30 个工资级别;(3) 实行领导任命制,有严格的数量限制和岗位要求,有任职期限;(4) 技术职务适用范围限于机关技术人员(工程技术人员)、大学教学人员、中学教学人员、小学教学人员、科学研究人员、新闻工作人员、出版编辑人员、卫生技术人员、翻译工作人员和文艺工作人员 10 个系列。

20 世纪 60 年代中期,由于国家经济困难,工资基本处于冻结状态,这种需要增加工资的职务任命制度基本上处于停顿状态;"文化大革命"期间,职务任命工作中断。

第二节　专业技术职称评定制

1977—1983年，我国恢复并明确了职称的概念，从技术职务任命制转向专业技术职称评定制，职称代表了专业技术人员的学术技术水平和业务能力，是资格水平的象征。

1977年，中共中央在《关于召开全国科学大会的通知》中提出"应当恢复技术职称，建立考核制度，实行技术岗位责任制"，并明确了"职称"的概念。1978年，国务院恢复了《关于高等学校教师职务名称及其确定与提升办法的暂行规定》，并指出，"原已确定提升的各等级职务一律有效，恢复名称，不需要重新办理报批手续"。1979年，国务院批准卫生部颁发了《卫生技术人员职称及晋升条例（试行）》，后陆续正式批准的职称暂行条例共有22个。

这段时期实施的专业技术职称评定制，取得了显著成就，对国家建设和各项事业的发展起到了巨大的推动作用，也激励了专业技术人员的奋斗精神。

一、评定标准

专业技术人员的职称评定标准基本是按照德、能、勤、绩来制定的。以德为首要考察标准，即所有专业技术干部首先要符合拥护共产党的领导，热爱社会主义祖国，不断提高政治觉悟，努力为社会主义建设服务等思想道德标准。其次根据职称级别的不同，从学历、能力和资历的角度提出不同层次的标准。

不同系列专业技术人员的职称评价标准，有规定的学历、外语要求，此外主要根据工作成果、学术论著、工作报告等进行评议考核。对不具备规定学历的或具有同等学力的专业技术人员，除评议其业务成绩外，还会对本专业必需的基础理论知识、专业技术知识和外语水平进行考试，经考试合格达到同等学力的要求，才会授予相应的技术职称。

以工程技术人员为例,职称评定主要以工作成就、技术水平和业务能力为主要依据,适当考虑学历和从事技术工作的资历,各职级评定标准如下①:

(1) 技术员。中等专业学校毕业,担任技术干部,见习一年期满,成绩良好,或具有同等学力和同等技术水平。

(2) 助理工程师。见习一年期满的高等院校本科毕业生、技术员和同等学力人员,同时具备下列条件:① 能够完成一般生产、设计、试验、科研任务;② 掌握本专业的基础理论知识和技术知识;③ 能阅读本专业外文资料。

(3) 工程师。见习一年期满的高等院校本科毕业生、技术员和同等学力人员,同时具备下列条件:① 有独立承担工程技术工作或技术管理工作的能力,能够解决本专业范围内比较复杂的技术问题,并在工作上有一定成绩;② 掌握本专业比较系统的基础理论知识和技术知识;③ 掌握一门外语,能够比较熟练地阅读本专业的外文资料。

(4) 高级工程师。见习一年期满的高等院校本科毕业生、技术员和同等学力人员,同时具备下列条件:① 有较丰富的实践经验,能够解决本专业的重要技术问题,并在工作上有显著成绩;② 有系统深入的专业理论知识和技术知识;③ 能组织和指导较大的工程设计、施工、科研工作,或在学术上有独到见解的论著,或能制订、审核现代化重大工程的生产建设、科研、设计项目;④ 熟练掌握一门外语。

可以看出,工程技术人员的职级设定了员级、初级、中级及高级四个等次,符合条件的工程技术人员可申报对应等级的职称。随着职级的提升,对专业技术人员的工作能力、知识水平、外语要求都在不断提高,对能力方面的要求也越来越高。

二、评审组织和程序

各级评审组织的组成,由主管机关批准,代表主管机关行使评定技术职称的权力。各级评审组织称为"评审委员会"或"评定小组",负责专业技术职称的评定工作。

---

① 国家科学技术委员会,国家经济委员会,国务院科学技术干部局.工程技术干部技术职称暂行规定[Z].1979.

评审委员会根据工作需要,设立若干专业考核评议小组。评审委员会主要由专业技术人员组成,成员须具有比较高的学识和业务水平,作风正派,办事公道。评定每一级技术职称,由一定比例的高一级职称的专业技术人员参加,同时还聘请单位外专家,综合两方专家的评定意见。评审委员会实行民主集中制,充分讨论后,给出评定结论。

不同系列的专业技术人员职称评定程序大同小异,一般评定程序如下:

(1)本人申请或组织推荐,填写业务简历表,提交业务工作报告或学术论著,并在一定范围内进行述职报告。

(2)由本人所在基层单位的专业技术干部对评定对象的政治表现、业务水平进行评议,给出推荐意见。

(3)评审组织根据本人提交的材料和所在基层单位的意见,进行综合评议,给出评定意见。不同级别的专业技术人员的管理权限有所不同,按照评定技术职称权限规定,属于上一级评审组织评定的,提出推荐意见,报送上一级评审组织评定。同意授予技术职称的,由主管机关授予。

(4)有关评定和授予技术职称的材料,归入人事档案。

三、改革的成效

根据1983年底统计的数据,全国获得职称的人员共595万人。其中,获得高级职称(相当于教授、副教授、高级工程师)的人员约为9.4万人,占比1.6%;获得中级职称(相当于讲师和工程师)的人员约为153万人,占比25.7%;获得初级职称(相当于助理工程师)的人员为190万人,占比31.2%;获得员级职称(相当于技术员)的人员为239.5万人,占比41.5%[①]。结合当时的国情、全民教育水平、工资水平来看,高级职称人员相当稀缺,中级职称人员仅占1/4,初级及以下职称人员为绝大多数,整体职级是偏低的。实施专业技术职称评定制后,既为组织培养专业技术人员提供了参考,发现了大批中青年优秀人才,也激励了专业技术人员的进取精神,使他们有了奋斗目标。

---

① 江苏省人事厅.中共中央、国务院转发《关于改革职称评定、实行专业技术职务聘任制度的报告》的通知[Z]//职称工作文件选编,1998:3-9.

从技术职务任命制到专业技术职称评定制,职称工作取得了显著成绩,主要表现在:

(1)增强了专业技术人员在科学技术和经济建设中的责任感,提高了他们的社会地位,促进了党的知识分子政策的落实,稳定了专业技术队伍。

(2)通过对学术、技术、专业水平及成就的考核和评价,激励了专业技术人员的进取精神,促进了人才的成长和各项事业的发展。

(3)发现了大批中青年优秀人才,为提拔一大批合乎四化条件的干部创造了条件。

四、小结

这段时期职称制度的特点是:(1)首次提出并明确了"职称"概念,即职称是表明专业技术人员水平能力和工作成就的称号;(2)专业技术职称与职务、职责不挂钩;(3)由行业专家依照标准和程序评审确定;(4)取消岗位要求和数量限制,不设任期,一旦评上终身享有;(5)职务分类、评定标准和程序由国务院职称主管部门统一制定[1]。

经历长达十余年的停滞状态,职称工作重启后,广大专业技术人员萌生出对职称的强烈渴望。自1978年开展职称评定工作后,尽管各级党委、管理部门和职称评定委员会做了大量的工作,但由于准备工作不充分、职称工作经验不足和历史遗留问题较多,评审中出现了论资排辈、扩大评定范围、评定标准不统一、过于强调学历等问题,职称评定工作也出现了波折。究其原因,主要有:

(1)职称的含义混乱。这一时期的职称既有职务特性,又有称号特性。作为职务,评定职称有数量限制与任期要求,与职责相关,享受相应等级的工资待遇;但是作为称号,评定职称不受数量限制,凡学术技术水平、工作能力、贡献达到评定标准的人均可获得,一旦授予,终身享有,与岗位职责不相关。

(2)职称的作用被放大。工资冻结多年后,人们都希望能通过职称评定解决待遇问题。职称与工资紧密相关的观念已深入人心,然而在落实各项

---

[1] 谢晶.职称制度的历史与发展[M].北京:中国社会科学出版社,2019.

政策的过程中,职称又成为确定各种待遇的依据,如住房分配、物质分配、解决家属工作等,处处都与职称挂钩,且愈发用到极致,对利益的无限追逐使得职称评定出现失控现象。

(3)缺乏总体规划,系列开设过多。职称显示出优势后,各行各业纷纷要求设置新的职称系列以满足工作人员的需要,出现越来越多非专业技术工作人员也评定了技术职称的现象,职称评定的范围越来越广,标准越来越低。

种种问题的出现,使一些评上职称的人"名不符实",而一些该评上的人却未能评上。发展到1983年,职称评定制度已与经济、科技、教育体制改革的形势不相适应,不利于贯彻按劳分配的原则,甚至伤害了部分专业技术人员的积极性。1983年9月,中央决定暂停职称评定工作,进行全面整顿。

第三节 专业技术职务聘任制

按照中央和国务院的指示,中央职称评定工作领导小组自1983年开始研究和探讨职称改革的路线,经过三年的调查研究分析,于1985年12月提交了《关于改革职称评定、实行专业技术职务聘任制度的报告》。报告中提出专业技术职务聘任制度的主要内容是"根据实际需要设置专业技术工作岗位,规定明确的职责;在定编定员的基础上,确定高中初级专业技术职务的合理结构比例;由行政领导在经过评审委员会认定的、符合相应条件的专业技术人员中聘任或任命;有一定的任期,在任职期间领取专业技术职务工资"。

1986年2月,国务院发布《关于实行专业技术职务聘任制度的规定》,决定全面实行专业技术职务聘任制度,这是我国专业技术人员管理制度的一项重大改革,奠定了我国企事业单位专业技术人员岗位设置、评聘制度与工资待遇三位一体的管理制度。相较于改革前的专业技术职称评定制,专业技术职务聘任制的变化主要体现在八个方面。

(1)确定名称为"专业技术职务"。不同于学衔、学位、学术或技术称号,职称指的是专业技术职务名称,职称系列就是专业技术职务的名称系列。

（2）设定编制、人员结构比例和指标限额。一个组织（单位）中有行政人员、专业技术人员和工人，三类人员之间设有一定的编制，且有规定的比例结构；在专业技术人员中，根据类别和层次的不同，也设有一定的比例结构。确定编制，设定不同类别、不同层次专业技术人员的比例结构和人数数额是一项全新的工作，也是改革的重难点工作。

（3）采用评聘结合方式。专业技术职务先经相应的评审委员会认定其任职资格，再由行政领导根据岗位设置和指标限额进行聘任或任命，这种评聘结合的办法，比选拔、任命更为严格，也比单纯采取职称评定制更加严密。

（4）强调岗位职责。既然是职务，就要设置专业技术工作岗位，规定明确的职责。过去的职称评定着眼于专业技术水平和学术水平，评了职称也不强调履行岗位职责。实行专业技术职务聘任，要求上岗尽责，并赋以相应的权力和工资待遇，把"责、权、利"三者结合起来，有利于调动在岗人员的积极性，充分发挥岗位功能，避免因职责不明而无人负责的现象发生。

（5）与工资待遇直接相关。专业技术职务和工资直接挂钩，担任什么职务就领取什么职务的工资，与按劳分配的原则相一致，也与当时工资改革的精神、实行以职务工资为主要内容的结构工资制是一致的。

（6）采取聘期制。明确专业技术职务的聘任或任命为 3～5 年，根据工作需要可以连聘续聘，破除职称终身制。

（7）取消通用制。专业技术职务只在本单位有效，有别于以前的全国通用。由于全国各地实际情况差别很大，同一专业技术职务在不同部门的具体职责也不完全相同；由于专业技术职务与工资直接挂钩，工资标准又是全国统一规定的，如果不规定任职的基本条件，就会出现混乱，与工资改革产生冲突。因此，各系列专业技术职务主管部委首先制定出本系列专业技术职务的基本任职条件，再由下属部门和单位根据实际情况，制定具体的任职条件。

（8）注重学历，但不唯学历。学历代表着专业技术人员所掌握专业基础知识的广度和深度，为了保证专业技术队伍的素质，规定中提出了担任专业技术职务必须具备的最低学历要求，"担任高级、中级、初级专业技术职务，一般应具备大学本科、大专、中专毕业的学历"，同时又提出"对虽然不具备上述规定学历，但确有真才实学成绩显著、贡献突出、符合任职条件的专业技术人员，也可根据需要聘任相应的专业技术职务"。

建立专业技术职务聘任制是为了克服在专业技术人员管理制度上长期存在的积压、浪费人才的弊病,贯彻按劳分配的原则,克服平均主义,改变人才结构不合理的状况,促进人才合理流动,从而建立起一套适应新形势需要、充满活力的专业技术人员管理制度。专业技术职务聘任制在实施过程中,经历了三次较为明显的改革阶段,分别是以职务管理为导向的聘任制阶段(1986—1995年)、以岗位设置为导向的职务和资格并行阶段(1995—2016年)和以人才分类评价为导向的深化改革阶段(2016年至今)。

一、以职务管理为导向的聘任制阶段(1986—1995年)

1. 改革的举措

继1986年2月国务院发布《关于专业技术职务聘任制度的规定》之后,各系列专业技术职务的主管部门分别制定了本系列的职务试行条例,职称系列从22个增加到29个。1986年2月至5月,有关主管部门陆续出台25个系列的职务试行条例,其余4个系列也在两年内完成(见表2-1)。

表2-1　29个专业技术职务试行条例汇总

序号	条例名称	制定部门	时间
1	新闻专业人员职务试行条例	全国新闻职称改革领导小组	1986.02.25
2	高等学校教师职务试行条例	国家教育委员会	1986.03.03
3	自然科学研究人员职务试行条例	中国科学院	1986.03.10
4	广播电视播音专业职务试行条例	广播电影电视部	1986.03.12
5	农业技术人员技术职务试行条例	农牧渔业部	1986.03.14
6	卫生技术人员职务试行条例	卫生部	1986.03.15
7	海关专业职务试行条例	海关总署	1986.03.26
8	档案专业人员职务试行条例	国家档案局	1986.03.28
9	文物博物专业职务试行条例	文化部	1986.03.30
10	出版专业人员职务试行条例	文化部	1986.03.30
11	翻译专业职务试行条例	外交部	1986.03.31
12	统计专业职务试行条例	国家统计局	1986.04.01

续表

序号	条例名称	制定部门	时间
13	艺术专业职务(艺术等级)试行条例	文化部	1986.04.01
14	工艺美术专业职务试行条例	轻工业部	1986.04.02
15	技工学校教师职务试行条例	劳动人事部	1986.04.02
16	图书资料专业职务试行条例	文化部	1986.04.02
17	教练员专业技术职务试行条例	国家体育委员会	1986.04.02
18	中国社会科学院研究人员职务试行条例	中国社会科学院	1986.04.10
19	会计专业职务试行条例	财政部	1986.04.10
20	经济专业人员职务试行条例	国家经济委员会	1986.04.11
21	工程技术人员职务试行条例	国家经济委员会	1986.04.21
22	中等专业学校教师职务试行条例	国家教育委员会	1986.05.17
23	中学教师职务试行条例	国家教育委员会	1986.05.19
24	小学教师职务试行条例	国家教育委员会	1986.05.19
25	实验技术人员职务试行条例	中国科学院、国家教育委员会	1986.05.29
26	律师职务试行条例	司法部	1987.10.22
27	公证员职务试行条例	司法部	1988.03.01
28	民用航空飞行技术人员职务试行条例	中国民用航空局	1988.03.29
29	船舶技术人员职务试行条例	交通部	1988.03.29

　　各级各类专业技术职务对应的任职资格、相应职责、评聘方式等都有了具体规定,并作为各专业技术职务的评聘依据。相比于职称评定时期的标准,1986 年改革后的评定标准更为具体,以工程技术人员中工程师的评定标准为例,可以看出新的评定标准在思想品德、技术水平、学历、外语等方面要求更加细化、明确,如获得博士学位的可以直接任职工程师,获得硕士学位同时从事助理工程师二年左右的可以任职工程师。对不同学历有不同的任职要求,做出了明确的规定。同时考虑岗位职责的不同,相同系列不同岗位的任职资格也有区别,如生产部门的任职条件侧重于对生产管理中解决技术问题的能力、有一定的实践经验、取得实际价值等,研究部门的任职条件侧重于对专业理论和复杂项目的研究和创新方面、有一定的研究基础和经验、取得研究成果等,根据岗位性质的不同任职条件也有所区分(见表 2-2)。

表 2-2 改革前后工程师评定标准对比

时间	1983 年	1986 年
品德	拥护共产党的领导,热爱社会主义祖国,努力为社会主义建设服务	拥护中国共产党的领导,热爱祖国,积极为社会主义现代化建设服务
外语	掌握一门外语,能够比较熟练地阅读本专业的外文资料	担任工程师的工程技术人员,应具有阅读本专业外文资料的能力。从事工程技术研究、设计、技术开发、技术情报等工作的工程师,应能比较熟练和熟练地掌握一门外语
任职条件	见习一年期满的高等院校本科毕业生、技术员和同等学力人员,同时具备下列条件: (1)有独立承担工程技术工作或技术管理工作的能力,能够解决本专业范围内比较复杂的技术问题,并在工作上有一定成绩 (2)掌握本专业比较系统的基础理论知识和技术知识	1. 具备下列部门之一的条件 (1)生产、技术管理部门 ①基本掌握现代生产管理和技术管理的方法,有解决比较复杂的技术问题的能力; ②能够灵活运用本专业的基础理论知识和专业技术知识,熟悉本专业国内外现状和发展趋势; ③有一定从事生产、技术管理工作的实践经验,取得有实用价值的技术成果和技术经济效益; ④能够指导助理工程师的工作和学习 (2)研究、设计部门 ①有独立承担较复杂项目的研究、设计工作能力,能够解决本专业范围内比较复杂的技术问题; ②较系统地掌握本专业的基础理论知识和专业技术知识,熟悉本专业国内外现状和发展趋势; ③有一定从事工程技术研究、设计工作的实践经验,能吸收、采用国内外先进技术,在提高研究、设计水平和经济效益方面取得一定成绩; ④能够指导助理工程师的工作和学习 2. 获得博士学位,经考察合格;获得硕士学位或取得第二学士学位,从事助理工程师工作二年左右;获得学士学位或大学本科毕业,从事助理工程师工作四年以上;大学专科毕业,从事助理工程师工作五年以上

改革的初期必然会面临各种问题和矛盾,根据以往的经验和总结,中央职称改革工作领导小组围绕重点难点问题,在第一个聘期内相继出台了多个指导意见,不断完善专业技术职务聘任制度,详见表 2-3。

表 2-3 完善专业技术职务评聘制度一览表

序号	文件名称	发文单位	时间
1	关于职称改革工作部署的通知	中央职称改革工作领导小组	1986.01
2	转发《关于改革职称评定、实行专业技术职务聘任制度的报告》的通知	中共中央、国务院	1986.01
3	关于实行专业技术职务聘任制度的规定	国务院	1986.02

序号	文件名称	发文单位	时间
4	关于实行专业技术职务聘任制工作中若干问题的原则意见	中央职称改革工作领导小组	1987.06
5	转发全国博士后科研流动站管理协调委员会《关于博士后研究人员专业技术职务评审和任职的原则意见》的通知	中央职称改革工作领导小组	1987.08
6	关于认定专业技术职务任职资格的原则意见	中央职称改革工作领导小组	1988.01
7	关于完善专业技术职务聘任制度的原则意见	中央职称改革工作领导小组	1988.03
8	中央国家机关实行专业技术职务任命制度的规定	中央职称改革工作领导小组	1988.03
9	关于加强职称改革工作统一指导的通知	人事部	1988.08
10	关于一些国家机关自行评定职称问题的通知	人事部	1989.10
11	关于对专业技术职务评审聘任工作进行复查的通知	人事部	1989.10

2. 改革的成效

1988 年 8 月,根据党中央和国务院的决定,全国的职称改革工作由人事部负责指导、组织和协调,这一决定延续至今。从 1986 年到 1989 年的三年时间里,全国企事业单位的专业技术职务首次聘任工作基本完成。

截至 1989 年底,全国企事业单位专业技术人员达 2 314.6 万人,已评聘专业技术职务的人员为 1 948.2 万人,占专业技术人员总数的 84.2%,是 1983 年 9 月前评定人数的 3 倍之多。其中,评聘为高级专业技术职务的人员为 93.4 万人,几乎是 1983 年获得高级职称人数的 10 倍;评聘的中级、初级专业技术职务的人数也取得了成倍的增长[①],各职务级别的结构比例也发生了变化,尤其是高级专业技术职务人员增长最为明显(见表 2-4)。

表 2-4 1983 年与 1989 年全国专业技术职务人员统计表

时间(年)	总数(万人)	高级		中级		初级及以下	
		人数(万人)	比例(%)	人数(万人)	比例(%)	人数(万人)	比例(%)
1983	595.0	9.4	1.6	153.0	25.7	432.6	72.7
1989	1 948.2	93.4	4.8	536.0	27.5	1 318.8	67.7

---

① 徐颂陶.中国人事管理工作实用手册[M].北京:中国财政经济出版社,1992.

从数据可以看出,这次职称改革取得了显著的成效。改革解决了我国广大知识分子的职称、专业技术职务、工资待遇问题,极大地调动了知识分子的积极性,也关注到中青年知识分子的发展,在科研、教学、医疗等方面都吸引了知识分子的投入,激发了大家的奋斗精神。

这一阶段主要以"职务管理"为导向。其特点是:(1)职称是职务的名称,是根据实际工作需要设置的有明确职责、任职条件和任期,并需要具备专门的业务知识和技术水平才能担负的工作岗位,不同于一次获得后终身拥有的学位、学衔等各种学术技术称号。(2)各系列专业技术职务的主管部门均制定了本系列职务评定标准,各系列、各职务等级均出台出明确的任职条件。(3)实行岗位结构比例控制,对专业技术人员的编制、职务等级等均有明确划分。(4)采用聘任制或任命制。企事业单位的专业技术职务一般实行聘任制,行政领导在评审委员会评定的人员中聘任,颁发聘书,签订聘约,且有一定的聘期,一般为3~5年。少部分的任命制是针对"三线、边远地区和不具备聘任条件的事业单位、各级国家机关公务员"提出的措施,同样也要履行评定、聘任的流程。(5)与工资待遇相关。实行以职务工资为基础的结构工资制。(6)存在资格认定情形。主要考虑到"文革"前的专业技术人员、在改革施行后不再从事专业技术工作的人员等,认定其具备资格,但不与工资挂钩,鼓励流动。(7)探索考核制度,包括制定任期目标、建立健全考绩档案内容、考核结果与聘任关系等。

首轮专业技术职务评聘,取得了不凡的成效,同样也暴露了很多实际问题。(1)定岗定责混乱。职称改革文件要求因事设岗,但专业技术职务直接对应工资待遇,执行过程中逐步偏离理想化状态,解决人员的实际问题更为直接,产生因人设事设岗的现象较多,与改革初衷相违背。(2)工资待遇难以协调。从表2-4中可以看出,1989年底全国的专业技术人员总量有了明显的增加,随之带来的是巨大的经济压力,职改工作承压最多的也是工资方面,其间曾出现职改和工改分离,均源于专业技术人员的工资待遇得不到有效解决和协调。(3)评聘结合引发新矛盾。专业技术职务的评定是对已经取得的成果进行评价,立足现在看过去,而专业技术职务的聘任是立足现在看未来。专业技术人员获评后的聘任表现不佳、不称职的现象屡屡发生,同时由于指标设定,技术密集型单位能力突出者不能评定,人才紧缺单位指标宽松、降维评定等矛盾时有发生,产生诸多失衡现象。(4)职务系列设置泛滥。专业技术职务成为提升工资待遇的独木桥后,人人都想通过职称途径提升工资。但当时的职称系列只有 29 个,且有些系列没有设置正高级别,所以出现很多部门未经批准变相设置职称系列和职务等级。

3. 整顿与前行

1989 年 10 月,人事部发布《关于一些国家机关自行评定职称问题的通知》《关于对专业技术职务评审聘任工作进行复查的通知》,明确职称评定工作一律停止,对专业技术职务聘任工作进行复查和治理整顿。

经过一年的复查整顿,1990 年 11 月,人事部发布《企事业单位评聘专业技术职务若干问题暂行规定》,恢复开展经常性的专业技术职务评聘工作,并就完善专业技术职务聘任制度、深化改革做出详细规定,包括评聘标准、岗位设置、评聘范围、评审委员会组建、聘任期限、工资兑现、考核制度、资格考试等二十条较为全面的规定。在随后的一年里,针对职称评聘过程中出现的问题,相继出台若干规范性的文件,详见表 2-5。

表 2-5　1990—1991 年人事部关于规范专业技术职务评聘的若干意见

序号	文件名称	发文单位	时间
1	企事业单位评聘专业技术职务若干问题暂行规定	人事部	1990.11
2	关于增补和调整全民所有制事业单位专业技术职务岗位数额的通知	人事部	1990.12
3	关于认真做好 1990 年度企事业单位专业技术人员考核工作的通知	人事部	1990.12
4	关于农民技术人员职称评定问题的通知	人事部	1991.02
5	关于加强专业技术队伍建设促进中青年专业技术人才迅速成长意见的通知	人事部	1991.02
6	关于在专业技术职务评聘工作中严格掌握外语条件的通知	人事部	1991.03
7	关于《专业证书》问题的补充说明	人事部职位职称司	1991.04
8	关于重新组建专业技术职务评审委员会有关事项的通知	人事部	1991.04
9	关于印发《〈企事业单位评聘专业技术职务若干问题暂行规定〉有关具体问题的说明》的通知	人事部	1991.05
10	关于如何计算从事专业技术工作年限的复函	人事部职位职称司	1991.10

序号	文件名称	发文单位	时间
11	关于《企事业单位评聘专业技术职务若干问题暂行规定》有关具体问题的补充说明	人事部	1991.10
12	关于印发《关于全民所有制企业评聘专业技术职务工作的原则意见》的通知	人事部	1991.12
13	关于全民所有制事业单位增补专业技术岗位有关问题的通知	人事部	1991.12

从1991年至1995年这段时间,基本是处在对前期专业技术职务评聘工作复查的过程中,处于改革的维稳状态,政策上没有大的调整,针对出现的问题进行调整与完善。这段时期的总体改革思路是:(1)稳定第一,不搞大动作,但是又不要停下来。(2)对职称工作要分类指导,不能一个模式、一套标准、一个办法。(3)注意政策导向。在职称改革政策的制定上,应引导专业技术人员努力做好本职工作。(4)职称改革要与工资改革结合起来,配套进行。对有些属于职业系列的,可研究通过工资办法解决。应把职改与工改结合进行的问题纳入"八五"计划,统筹考虑。(5)要进行微调,解决急需解决而又可能解决的突出矛盾。(6)机关职称维持现状。已进行的,暂不进行整顿和复查;未进行的,不再继续进行。(7)加强对职称改革的领导,成立领导小组,以统一组织、指导和协调全国职改工作,加强立法工作。

二、以岗位设置为导向的职务和资格并行阶段(1995—2016年)

随着社会主义市场经济体制逐步建立、干部人事制度改革稳步推进以及国家职业资格制度的建立和推行,职称框架体系慢慢发生了变化。自1991年开始进行"评聘分离"试点工作:专业技术人员通过职称评审等方式,获取相应的专业技术职务任职资格;用人单位根据专业技术岗位的需要,自主聘任具备相应任职条件的专业技术人员担任相应的专业技术职务。职称开始游离在"职务"和"资格"之间。

1. 职务管理与资格管理

这一时期的职称框架体系承载了太多的内容,是国有企事业单位"职务管理"和社会化"资格管理"的混合体。具体表现在:

(1)在评价机制上,除了专业技术职务评定方式以外,还出现了专业技术任职资格考试制度、专业技术人员职业资格制度。专业技术职务的评价标准是职称评聘的依据,依旧坚持各系列职务试行条例所规定的能力、业绩、资历、学历、外语水平等任职条件,人事部对部分标准的掌握进行了细化解答。改革中出现的专业技术资格、职业资格等一般采用考试制,考试通过视为获得"资格"、达到一定的专业技术水平,是一种较为刚性的评价方式。

(2)在职称系列上,仍沿用 29 个职称系列,针对各系列的特点,实行分类指导和调整;同时实施职业资格制度。对于公共型、通用型的系列,以职业资格考试制度为主,重点克服人为因素干扰,做到客观公正。对于职业型系列,在现有职务评聘的基础上,注重业绩考核。

(3)在评聘方式上,既有评聘结合的方式又有评聘分离的方式,即"单轨制"和"双轨制"。专业技术资格的定义为"学术技术水平的标志,一般没有岗位、数量的限制,不与工资等待遇挂钩,可作为聘任专业技术职务的依据",这为评聘方式的改变奠定了基础。评聘结合的方式反作用于职称评定的标准、岗位结构比例的限制等,积压了很多矛盾,评聘分离的出现有效化解了这一难题。

(4)在功能定位上,职称既有职务属性,又有资格属性。专业技术职务聘任制仍然实行,同时又探索面向非公单位、社会组织、专业服务机构甚至农民开展社会化资格评价。专业技术资格,考试制主要定位于特定专业的初、中级资格,即"以考代评";中、高级资格还需履行评定程序,即"考评结合"。专业技术人员职业资格,包括从业资格和职业资格,一般均以考试取得。

(5)在适用范围上。打破"体制内外"的界限,由国有企事业单位扩大到非公企业专业技术人员和农村技术人员,全社会各类专业技术人员均可进行职称评定。非公经济组织和国有企事业单位专业技术人员的职称评定在评价标准和评审方式等方面完全一致,《农民技术人员职称评定与晋升暂行规定》成为农村技术人员职称评定的依据,这部分人员的职称评定突显出社会化评价的需求。

2. 职业分类

职业分类是指按照统一的规则、方法和标准,依据职业名称和工作内容等条件,对从业人员从事的各种职业进行研究和确认,然后按照职业不同,评判与职业相关的工作形式、工作内容、技术能力等,根据评判标准进行合理的分类和聚集,使其成为逻辑有序的职业类别体系①。由于不同的职业都有着各自的结构和功能,所以职业分类的依据多种多样。职业分类作为制定职业标准的依据,是开展职业教育培训和人才评价的重要基础性工作,对社会各个行业的发展都有着十分重要的作用。

1999 年 5 月,我国颁布了《中华人民共和国职业分类大典》,按照工作性质同一性的基本原则,第一次对我国社会职业进行了科学的划分和归类,突出了职业应有的社会性、目的性、规范性、稳定性和群体性特征,全面反映了我国社会职业结构。大典中的每一个职业都有编码、名称、职业定义和职业描述以及归入该职业的工种,对职业的性质和工作活动的内容、范围,以及与工种的联系做了准确的界定和表述。职业分为四个层次:大类、中类、小类、细类,具体为 8 个大类 66 个中类 413 个小类 1 838 个细类(见表 2-6)。

表 2-6　中华人民共和国职业分类大典(1999 年版)

大类	中类	小类	细类
第一大类:国家机关、党群组织、企业、事业单位负责人	5	16	25
第二大类:专业技术人员	14	115	379
第三大类:办事人员和有关人员	4	12	45
第四大类:商业、服务业人员	8	43	147
第五大类:农、林、牧、渔、水利业生产人员	6	30	121
第六大类:生产、运输设备操作人员及有关人员	27	195	1 119
第七大类:军人	1	1	1
第八大类:不便分类的其他从业人员	1	1	1
合计	66	413	1 838

大类根据工作性质的同一性,结合我国的政治制度、管理体制、科技水平和产业机构等因素进行划分和归类,是职业分类结构中的最高层次。大类包括国家机关、党群组织、企业、事业单位负责人,专业技术人员,办事人员和有关人员,商业、服务业人员,农、林、牧、渔、水利业生产人员,生产、运输设备操作人员及有关人员,军人,不便分类的其他从业人员等 8 个类别。每个类别都有明确的分类界限,如专业技术人员是指从事科学研究和专业

① 刘颂.电子商务职业分类体系构建研究[D].武汉:华中师范大学,2014.

技术工作的工作人员,办事人员和有关人员是指在国家机关、党群组织、企业、事业单位中从事行政业务、行政事务工作的人员和从事安全保卫、消防、邮电等业务的人员。

中类根据职业活动所涉及的知识领域、使用的工具和设备、采用的技术和方法,以及所提供的产品和服务种类进行划分和归类,是对大类的分解。比如,将大类"专业技术人员"细分为 14 个中类:科学研究人员,工程技术人员,农业技术人员,飞机与船舶技术人员,卫生专业技术人员,经济业务人员,金融业务人员,法律业务人员,教学人员,文学艺术工作人员,体育工作人员,新闻出版、文化工作人员,宗教职业者,其他专业技术人员;将大类"办事人员和有关人员"细分为 4 个中类:行政办公人员、安全保卫和消防工作人员、邮政和电信业务人员、其他办事人员和有关人员。

小类根据从业人员的工作环境、工作条件和技术性质等同一性进行划分。比如,将中类"教学人员"划分为 7 个小类:高等教育教师、中等职业教育教师、中学教师、小学教师、幼儿教师、特殊教育教师、其他教学人员;中类"新闻出版、文化工作人员"划分为 8 个小类:记者、编辑、校对员、播音员及节目主持人、翻译、图书资料与档案业务人员、考古及文物保护专业人员、其他新闻出版文化工作人员。

细类是最基本的类别,根据工作对象、工作技术、操作方法等同一性进行划分,每个细类都是一个具体的职业。例如,小类"编辑"可细分为文字编辑、美术编辑、技术编辑、电子出版物编辑、其他编辑,小类"中等职业教育教师"细分为中等职业教育理论教师、实习指导教师、其他中等职业教育教师。

实行职业分类,可以清晰地反映出我国职业的实际情况和特点,为职业规划、就业服务、教育培养等提供参考,有其重要意义。

(1)职业分类是劳动力管理和配置的基础。同一性质的工作往往具有共同的特点和规律,通过职业分类可以更好地了解和评估各类岗位的技能需求、工作特点以及职业发展路径等。把性质相同的职业归为一类,有助于国家对职工队伍进行分类管理,根据不同的职业特点和工作要求,采取相应的录用、调配、考核、培训、奖惩等管理方法,更好地进行人力资源管理和开发。

(2)职业分类为岗位责任制提供了依据。我国的职业分类给各个职业分别确定了工作责任以及履行职责和完成工作所需要的职业素质,清晰地反映出各类职业对技能和知识的要求,这有助于人们更好地了解不同职业的教育和培训需求,从而为就业和职业发展提供更好地指导和帮助。

(3)职业分类反映了经济、社会等领域的发展和结构。职业分类可以将各类职业以及其对应的经济活动和社会活动进行区分和归类,这有助于人们更好地了解和把握经济、社会等领域的发展动态和结构特征,有助于建立合理的职业结构和职工配制体系。

(4)职业分类是完善国家职业资格制度的重要基础工作。职业分类中规定的各个职业岗位的责任和工作人员的从业条件,进一步明确了各类职业的职业技能标准和认证要求,为各类职业资格证书的制定和颁发提供依据,为职业资格、执业资格制度的完善提供了重要基础。

总的来说,职业分类是促进人力资源管理科学化、规范化,实现人力资源有效配置的重要基础,也为推动我国职称制度改革发挥了重要作用。

3. 深化人事改革

进入21世纪,我国开始深化人事制度改革,以推行聘用制和岗位管理制度为重点,这两者都与职称制度紧密相关。2006年7月,人事部下发《事业单位岗位设置管理试行办法》,同年8月又出台具体的实施意见。事业单位岗位管理制度将专业技术任职资格条件作为岗位聘任的基本条件,岗位设置与专业技术职务有效衔接,为进一步落实事业单位用人自主权,包括职称评聘制度改革奠定了基础。

与职称相关的规定主要有:

(1)明确了专业技术岗位职责。即"专业技术岗位指从事专业技术工作,具有相应专业技术水平和能力要求的工作岗位。专业技术岗位的设置要符合专业技术工作的规律和特点,适应发展社会公益事业与提高专业水平的需要"。

(2)确定了专业技术岗位职等和职级。"根据岗位性质、职责任务和任职条件","专业技术岗位分为13个等级,包括高级岗位、中级岗位和初级岗位"。其中,正高级岗位分为4个等级,对应一至四级;副高级岗位分为3个等级,对应五至七级;中级岗位分为3个等级,对应八至十级;初级岗位分为2个等级,对应十一至十二级;员级对应十三级。

(3)确定了专业技术岗位结构比例。设立专业技术岗位等级和结构比例的总体原则为"按照单位的功能、规格、隶属关系和专业技术水平等因素综合确定"。具体结构比例是专业技术高级、中级、初级岗位之间的结构比例全国总体控制目标为 1∶3∶6。高级、中级、初级岗位内部不同等级岗位之间的结构比例全国总体控制目标为二级、三级、四级岗位之间的比例为 1∶3∶6，五级、六级、七级岗位之间的比例为 2∶4∶4，八级、九级、十级岗位之间的比例为 3∶4∶3，十一级、十二级岗位之间的比例为 5∶5。

（4）确定了专业技术岗位的聘用条件。按照"专业技术高级、中级和初级岗位的聘用条件应不低于国家规定的基本条件。实行职业资格准入控制的，应符合准入控制的要求"。

事业单位启动岗位设置、聘期考核和绩效工资是一项重大的人事改革，每项工作都与专业技术职务息息相关，既要借鉴到专业技术职务评聘与考核的经验，同时又对专业技术评聘中的人才评价和考核提出了更高要求。

2010 年 6 月，中央下发《国家中长期人才发展规划纲要（2010—2020）》，明确提出"建立以岗位职责要求为基础，以品德、能力和业绩为导向，科学化、社会化的人才评价发展机制"；"健全科学的职业分类体系，建立各类人才的能力素质标准"；"统筹推进专业技术职称和职业资格制度改革"。对人才分类评价、职称制度改革、人才评价机制、聘任自主权等方面都提出了改革意见。

2011 年 8 月，中组部、人社部发布《专业技术人才队伍建设中长期规划（2010—2020 年）》（以下简称《专技人才规划》），这是新中国建立以来第一个专业技术人才队伍建设发展规划，是《国家中长期人才发展规划纲要（2010—2020）》六大专项配套规划之一，是未来十年专业技术人才工作的重要纲领性文件。《专技人才规划》提出的十项重点举措中，第五项举措"以深化职称制度改革为动力，实现对专业技术人才的科学评价"，明确指出职称制度改革的重点方向：调整功能定位、健全分类体系、完善评价机制、实现科学管理；要制定《关于深化职称制度改革的意见》，从制度设计、体制机制上都要有所创新。通过改革，建立科学、分类、动态、面向全社会专业技术人才的新型职称制度。

三、以人才分类评价为导向的深化改革阶段（2016 年至今）

2016 年 3 月，中共中央印发《关于深化人才发展体制机制改革的意见》，明确提出要"提高评审科学化水平。研究制定深化职称制度改革的意见。突出用人主体在职称评审中的主导作用,合理界定和下放职称评审权限,推动高校、科研院所和国有企业自主评审。……探索高层次人才、急需紧缺人才职称直聘办法。畅通非公有制经济组织和社会组织人才申报参加职称评审渠道"。

1. 深化职称制度改革的启动

2016 年 11 月,中央全面深化改革领导小组会议审议通过《关于深化职称制度改革的意见》。这是自 1986 年实施专业技术职务聘任制 30 年后,出台的首部职称制度改革意见,明确了深化职称制度改革的指导思想、基本原则、主要目标和重点任务,会议中指出:"深化职称制度改革,要以职业分类为基础,以科学评价为核心,以促进人才开发使用为目的,健全职称制度体系,完善职称评价标准,创新职称评价机制,促进职称评价和人才培养使用相结合,改进职称管理服务方式。要突出品德、能力、业绩导向,克服'唯学历、唯资历、唯论文'倾向,科学客观公正评价专业技术人才,让专业技术人才有更多时间和精力深耕专业,让做出贡献的人才有成就感和获得感。"

《关于深化职称制度改革的意见》提出职称改革的任务主要有以下几方面。

(1)健全职称制度体系。保持现有职称系列总体稳定,适时调整、整合,探索在新兴职业领域增设职称系列。职称系列可根据专业领域设置相应专业类别。目前未设置正高级职称的系列均设置到正高级。建立职称与职业资格的对应关系,取得职业资格即可认定其具备相应系列和层级的职称。这也就意味着所有职业系列均可设置正高级职称,职业资格和职称制度具有同等效用。

(2)完善职称评价标准。将职称评价标准归结为品德、能力和业绩三个方面。把品德放在专业技术人才评价的首位,重点考察专业技术人才的职业道德,强化职业操守和社会责任。能力强调以职业属性和岗位需求为基础,对不同领域、不同行业、不同层次的专业技术人才,制定不同的评价标准,注重考察专业技术人才的专业性、技术性、实践性、创造性。业绩强调注重考核专业技术人才履行岗位职责的工作绩效、创新成果,并向基层一线和做出突出贡献的人才倾斜。

(3)创新职称评价机制。意见强调建立以同行专家评价为基础的业内评价机制,注重引入市场评价和社会评价。对基础研究、应用研究和哲学社会科学研究等不同类别的人才,采取不同的评价权重,对特殊人才通过特殊方式评价,进一步丰富职称评价方式,提高职称评价的针对性和科学性。推进职称评审社会化,建立完善个人自主申报、业内公正评价、单位择优使用、政府指导监督的社会化评审机制。

(4)合理选择评聘方式。意见指出"对于全面实行岗位管理、专业技术人才学术技术水平与岗位职责密切相关的事业单位,一般应在岗位结构比例内开展职称评审。对于不实行岗位管理的单位,以及通用性强、广泛分布在各社会组织的职称系列和新兴职业,可采用评聘分开方式"。即"评聘结合"与"评聘分离"两种方式都可以,实际使用中,"坚持以用为本,深入分析职业属性、单位性质和岗位特点,合理确定评价与聘用的衔接关系,评以适用、以用促评。健全考核制度,加强聘后管理,在岗位聘用中实现人员能上能下"。

(5)改进职称管理服务方式。意见提出政府部门要加强宏观管理、公共服务和事中事后监管,减少微观管理、审批事项和事务性工作。发挥用人主体在职称评审中的主导作用,合理下放职称评审权限,逐步将高级职称评审权限下放,符合条件的企事业单位按照管理权限自主开展职称评审。

2. 人才分类评价的提出

2018年2月和7月,中共中央办公厅、国务院办公厅陆续印发了《关于分类推进人才评价机制改革的指导意见》和《关于深化项目评审、人才评价、机构评估改革的意见》两个重要文件,突出了分类评价的导向,这是本轮职称制度改革的重中之重。

(1)发挥"指挥棒"和"风向标"作用。

习近平总书记强调:"要用好人才评价这个'指挥棒'。"为人才发挥作用、施展才华提供更加广阔的天地,让做出贡献的人才有成就感、获得感,健全分类评价体系是发挥好"指挥棒"作用的关键所在。

职称作为衡量专业技术人才能力和水平的标尺,是专业技术人才职业发展的阶梯和通道,承担着引导和激励专业技术人才的重要功能。深化职称制度改革,是落实人才评价机制改革的重要举措,对于进一步激发专业技术人才创新创造创业活力,拓展职业发展空间,不断提升我国人才供给水平,为实现"两个一百年"奋斗目标提供有力人才支撑具有十分重要的意义。

由于专业技术人才的职业、岗位、层次不同,评价所包含的具体内容也不同。要全面准确地反映不同行业、不同岗位专业技术人才的状况,必须根据实际合理设置和使用评价指标,克服唯学历、唯资历、唯论文等倾向,解决评价标准"一刀切"的问题。

分类评价人才,重点是坚持德才兼备、以德为先,突出能力和业绩导向,按照社会和行业内认可的要求,建立以同行评价为基础的业内评价机制,注重引入市场评价和社会评价,发挥多元评价主体作用。同时,丰富评价手段,采用考试、评审、考评相结合和考核认定、个人述职、面试答辩、实践操作、业绩展示等不同方式,提高评价的针对性和精准性,让职称评价真正成为引领专业技术人才成长的"风向标"。

专业化的评价主体,助力职称评价"指挥棒"作用的发挥。人才涉及不同专业领域,有着不同层次和类型,评价主体的选择至关重要,这是落实人才分类评价机制的重中之重。我国人才评价还存在行政色彩较为浓厚、专业评价不足的问题。相关职能部门评价人才往往采用标签式、可量化的指标,如学位、论文、头衔等,这容易误导人才精力的投放。应在改进政府职能部门评价的同时,发展专业化人才评价机构。评价机构应建立高层次的人才评价专家库,坚持专业性和动态化:专业性是指评审专家应具有突出的专业能力和行业知名度、影响力;动态化是指根据实际需要,及时增减专家数量,优化专家结构,完善专家信息。

发挥职称评价"指挥棒"作用,需要遵循人才成长规律,把握不同职业性质和特点。要促进职称评价与人才培养、使用相衔接,既要做好与专业学位制度、继续教育制度等人才培养制度的有效衔接,督促专业技术人才知识更新、提高能力素养;又要与用人制度相衔接,为选人用人提供依据,实现职称评价结果与人才聘用、考核、晋升等用人制度有效衔接。

(2)突出职称的分类评价导向。

随着我国经济社会的快速发展、人才队伍的不断壮大和社会分工的不断细化,要准确客观评价人才,实行分类评价势在必行。深化职称制度改革,要牢固树立和贯彻落实新发展理念,立足服务人才强国战略和创新驱动发展战略,以职业分类为基础,以科学评价为核心,以促进人才开发使用为目的,建立科学化、规范化、社会化的职称制度,通过改革焕发职称制度新的生命力①。长期以来,人才评价机制存在着分类评价不足、评价标准单一、评价手段趋同、评价社会化程度不高、用人主体自主权落实不够等问题,尤其是对不同人才评价"一把尺子量到底"等做法备受社会关注。为此,新时代的职称制度改革将破除思想观念和体制机制障碍,在总体谋划的基础上,突出重点领域,针对科技、哲学社会科学和文化艺术、教育、医疗卫生、技术技能等专业技术人才,分类提出职称评价机制改革要求。分类型构建人才评价体系,在区分不同行业、不同领域人才的基础上,对不同类型的人才实行差别化评价。学术型人才实行同行学术评价,重点评价研究成果的科学价值、原始创新能力;技术型人才重点评价解决工程技术难题及技术发明、推广应用等实际能力;管理型人才突出对经营业绩、综合素质和对社会贡献的考核;技能型人才突出实际操作能力和解决关键技术难题的要求;创新型人才要把自主知识产权、重大技术突破和成果转化等作为重要评价指标。

分行业制定人才评价办法。改革科技人才评价制度,实行代表性成果评价,注重个人评价与团队评价相结合。改革哲学社会科学和文化艺术人才评价制度,根据不同学科领域,对哲学社会科学人才和文化艺术人才实行分类评价。改革教育人才评价制度,坚持立德树人,将教好书、育好人作为教育人才评价的核心内容。改革医疗卫生人才评价制度,完善涵盖医德医风、临床实践、科研带教、公共卫生服务等要素的评价指标体系。改革产业人才评价制度,建立与产业发展需求、经济结构相适应的产业人才评价机制。激励支持科研人员潜心研究、教师上讲台、医生到临床,在不同岗位上建功立业、做出贡献,真正让干得好的人能评得上。分层次完善人才评价机制。注重考察各层次人才的专业性、创新性和履责绩效、创新成果、实际贡献,不唯学历、不唯资历、不唯论文。对取得重大基础研究和前沿技术突破、解决重大工程技术难题、在各项经济社会事业发展中做出重大贡献的特殊人才,建立评价"直通车"制度。对长期在基层一线和艰苦边远地区工作的人才,加大爱岗敬业表现、实际工作业绩、工作年限等评价权重。

(3)强调评价的科学规范有序。

新时代职称制度改革深化的主要着力点在于建立科学的评价标准,形

---

① 用好人才评价"指挥棒"——深化职称制度改革系列评论之一[N].中国组织人事报,2017-04-10(6).

成规范的评价方式,提升职称管理科学化水平。具体如下:职称的科学评价首先体现在评价标准上。长期以来,评价标准缺乏科学分类,对不同类型人才"一把尺子量到底",存在重学历轻能力、重资历轻业绩、重论文轻贡献、重数量轻质量等问题,对一线创新创业人才正向激励作用不足,甚至引发丧失科研学术诚信、弄虚作假、学术腐败等突出问题。为了科学客观公正地进行职称评价,发挥好职称评价"指挥棒"作用,按照"干什么、评什么"的原则,中央文件提出三项重点改革举措:一是实行分类评价。以职业属性和岗位要求为基础,分类建立健全涵盖品德、知识、能力、业绩和贡献等要素,科学合理、各有侧重的专业技术人才评价标准。二是突出品德评价。坚持德才兼备,加强对科学精神、职业道德和从业操守等评价考核,完善专业技术人才评价诚信体系。三是注重凭能力、业绩和贡献评价专业技术人才。克服唯学历、唯资历、唯论文等倾向,合理设置和使用论文等评价指标,解决评价标准"一刀切"问题,对不同专业技术人才实行差别化评价①。

有了导向明确的评价标准,还必须通过科学规范的职称评价方式,才能实现对专业技术人才的精准评价。针对当前专业技术人才评价主体单一、评价手段趋同、非公领域专业技术人才评价渠道不畅等突出问题,中央文件提出:一是建立以同行评价为基础的业内评价机制,发挥市场、社会等多元主体在基础研究、应用型研究、哲学社会科学人才评价中的作用。二是丰富专业技术人才评价手段,结合不同专业技术人才特点,科学灵活地采用不同评价办法。三是打破户籍、地域、所有制、身份、人事关系等限制,畅通非公有制经济组织、社会组织、新兴职业等领域专业技术人才申报评价渠道。完善引进海外高层次人才、外籍人才等申报参加职称评价办法。四是遵循人才成长发展规律,科学设置评价考核周期,探索实施聘期评价制度,适当延长基础研究人才、青年人才评价考核周期。五是深入推进项目评审、人才评价、机构评估改革,精简评审数量,简化评审环节,改进评审方式,加强结果共享,支持人才潜心研究、长期积累。

围绕使市场在人才资源配置中起决定性作用和更好地发挥政府作用,防止职称评价行政化、"官本位"倾向,保障落实用人单位自主权,充分发挥

---

① 任社宣.分类推进人才评价机制改革 发挥好人才评价"指挥棒"作用——人社部负责人就《关于分类推进人才评价机制改革的指导意见》答记者问[N].中国组织人事报,2018-03-02(3).

政府、市场、专业组织等多元评价主体作用,形成充满活力的职称评价管理和运行机制,中央文件提出以下改革举措:一是建立权责清晰、管理科学、协调高效的职称评价管理体制,推动职称管理部门转变职能、简政放权,减少审批事项和微观管理。二是尊重用人单位主导作用,合理界定和下放职称评价权限,推动具备条件的高校、科研院所等企事业单位自主开展评价工作,促进职称评价与专业技术人才的培养、使用、激励等有机衔接,最大限度地发挥职称评价效能。三是健全社会化市场化管理服务体系,积极培育发展职称评价社会组织和专业机构,有序承接政府职称评价职能等。同时,为加强事中事后监管,提高职称评价质量和公信力,中央文件还提出多项监管措施,主要包括强化政府人才评价宏观管理、政策法规制定、公共服务、监督保障等职能,严格规范申报、公示、申诉等评价程序和制度,建立随机、回避等评审专家遴选机制,完善职称评价诚信体系,加强对用人单位自主评价工作监管,建立评价机构综合评估、动态调整机制①。

(4)确立职称评审的法律地位

1986年以来,为加强和规范职称评审工作,人事部先后印发了《关于重新组建专业技术职务评审委员会有关事项的通知》《专业技术资格评定试行办法》等一系列政策文件,在建立职称评审组织、规范评审程序、确保评审质量等方面发挥了重要作用。但是,各类文件规定比较分散,缺乏系统性,效力层次不高,有些政策规定已经不能适应新一轮职称评审工作需要②。2017年出台的《关于深化职称制度改革的意见》中提出,要加强职称评审管理法治建设,完善职称政策法规体系。

人社部自2017年起,通过调研、座谈等形式,广泛听取意见,起草初稿,书面征求意见、面向社会征求意见等,前后经历两年半的时间,形成内容全面、结构清晰、操作性较强的文件,并提交审议。2019年7月,人社部印发《职称评审管理暂行规定》,这是职称工作的第一部法律性文件,是我国关于深化职称制度改革部署的重要内容,是加强职称评审管理、完善职称政策法规体系的重要举措,将过去分散的政策上升为统一规定,将一般性政策文件上升为部门规章。该规定的出台,对从源头上规范职称评审程序,依法加强

---

① 赵兵.发挥好人才评价指挥棒作用——人社部相关负责人解读《关于分类推进人才评价机制改革的指导意见》[N].人民日报,2018-03-02(22).

② 李永全,胡钦晓.从"五唯"到"五维":学术评价范式的转换[J].江苏高教,2023(1):28-30.

职称评审管理,切实保证职称评审质量起到重要作用。

《职称评审管理暂行规定》全文共 8 章 44 条,分别为总则、职称评审委员会、申报审核、组织评审、评审服务、监督管理、法律责任和附则。主要包括以下内容:一是明确了职称评审的主体,即职称评审委员会。国家对职称评审委员会实行核准备案管理制度,以确保职称评审质量。二是规范了职称评审的基本程序,即主要包括申报、审核、评审、公示、确认等基本程序。三是优化了职称评审服务。通过建立职称评价服务平台,加强职称评审信息化建设,推广在线评审,探索实行职称评审电子证书,进一步提高职称评审公共服务水平。四是强化了事中事后监管。按照"放管服"改革要求,进一步减少政府部门对职称评审的微观管理,主要通过事中事后的抽查、巡查,以及对有关问题线索的倒查、复查,来确保职称评审的公平公正。

《职称评审管理暂行规定》的出台确立了我国职称评审的法律地位,完善了职称评审的政策体系,赋予了新一轮职称评审工作法律保障。用人单位主体在充分发挥作用的同时,明确申报人及工作单位、职称评审委员会及组建单位、评审专家、工作人员等主体违反规定应当承担的法律责任。

四、总结

通过梳理我国职称制度的改革历程可知,每个阶段的职称制度都与我国当时的经济体制、用人制度和收入分配制度密切相关,对贯彻党的知识分子政策,调动各类人才的积极性发挥了重要作用。从职称制度演进过程看,主要经历了由有"职"无"称"(职务任命制)到有"称"无"职"(职称评定制)再到有"职"有"称"(职务聘任制)的发展路径[①]。

纵观我国职称制度的改革历程,可以看出:

(1)功能定位是建构职称框架体系的基石和逻辑起点。职称是"职务",还是"称号"(资格),是深化职称制度改革应该着力解决的基本问题。

(2)职称框架体系调整、变化的动力,主要不是来自职称制度本身,而是来自干部人事制度和企业用人制度的综合配套改革。

(3)职称制度萌芽于干部分类管理改革,其适用对象和范围在不同时期

---

① 范巍.关于"职称"和"职业资格"制度的几个观点[J].今日科苑,2016(1):29-32.

都有特殊的规定性。从全国统一标准的职称评审,到分类评价的职称评审,都反映了特定时期的发展需要。

(4)坚持逻辑与历史的统一,把握好职称"变"与"不变"的关系。一是贯彻落实"尊重劳动、尊重知识、尊重人才、尊重创造"的方针,激发各类专业技术人员积极性、创造性的根本方针没有变;二是实行国家对职称工作统一领导的制度模式没有变;三是国有企事业单位坚持以专业技术职务聘任制为导向的职务管理制度属性没有变;四是推进体制外专业技术人员职称评审社会化改革的方向没有变。

第三章

高校教师职称评审制度的发展与变迁

高校教师职称评审制度作为高校人力资源管理制度中的重要环节,在不同的历史时期经历着不同的改革,呈现出一定的时代特征。新中国成立后,中国进入现代社会发展时期,各项制度建设开启了新的篇章,也尤为重视高等教育领域的制度建设。本章旨在梳理我国高校教师职称评审制度的发展历程,分析高校教师职称评审制度的变化和特征,通过了解历史和现状,以期更好地把握新一轮地方本科院校职称评审制度改革的内涵,为地方高校完善职称评审制度提供参考。

第一节 高校教师职称评审形成阶段

新中国成立初期,国民经济处于恢复时期,一时没有建立新的技术职称制度,中央人民政府本着维持原职原薪的政策,对大学教员原有的专业技术职名一律予以承认并继续发挥作用。同时,我国效仿苏联建立了高度集权的国家管理体制,中央统一管理包括教师在内的专业技术人员的任免、调配和职务晋升,把专业技术人员归为"国家干部"序列,其职务等同于行政级别,实行任命制,与工资待遇直接相关,解决了大学教员的待遇问题。

一、高校教师职称评审的形成:职务任命制(1949—1966 年)

1949—1956 年,我国对专业技术人员实行专业技术职务任命制和职务等级工资制。关于专业技术职务,有关的职务条例和考核标准都没有完全建立起来,实行任命制,有数量限制,且 70% 左右的人员都属于初级专业技术职务。1956 年以后,全国工资基本处于冻结状态,不再调资增资,专业技术职务的任命基本停滞。

1956—1960 年,为了解决部分科研人员和高等学校教师的待遇问题,先后出现了学位、学衔、荣誉称号等和职务名称相似的称号,具有职务名称的功能,但又不完全等同,实行专家评定制。1960—1966 年,国家恢复了高等学校教师职务评定并出台相关政策规定,对教师职务评价标准予以明确,但依旧实行任命制,为避免混淆,学衔、荣誉称号等和职务名称相似功能的称呼不再提及。

1966年至1976年,"文化大革命"期间,全国的职称工作处于停滞状态,高校教师职称工作随之中断,各级职称都被取消,教师统称为教员。

二、职务任命制下高校教师职称的意义

1. 解决工资待遇问题

1950年8月,中央人民政府政务院颁布了《高等学校暂行规程》,规定"大学及专门学院教师,分为教授、副教授、讲师、助教四级,均由校(院)长聘任,报请中央教育部备案"。我国高等学校实行的教师职位等级系统"四级制",与西方高校教师的职位等级基本相似,不同之处在于我国的教师职位实行校(院)长任命制,不存在基于个人能力的职位晋升机制。当时大学教员的职务名称等同于行政级别,是职务等级工资制的重要组成部分,主要为解决工资待遇问题,所以各职位等级有严格的数量限制。

从1952年到1956年,高校工作人员的工资标准经历了三次调整。1952年,政务院发布的《关于颁布各级人民政府供给制工作人员津贴标准及工资制工作人员工资标准的通知》中,大学教学人员从助教到教授共分23级,最高月工资分880分,最低月工资分165分,最高工资分和最低工资分相差4倍左右。1955年,国务院颁发《关于国家机关工作人员全部实行工资制和改行货币工资制的命令》,废除工资分改行货币工资制,高等学校教学人员从23级调整为21级,最高月工资标准217.8元,最低月工资标准45.1元,最高工资标准和最低工资标准依然相差4倍左右。1956年的工资改革再次进行了职务等级工资的改进,高等学校教学人员的职务等级工资为12级,其中教授对应1—6级,副教授对应3—6级,讲师对应6—9级,助教对应9—12级,不同职务的等级工资存在交叉现象,如教授工资并不必然高于副教授工资。

2. 实现职称逐级晋升

1954年1月,教育部发布《关于教师升等及干部管理问题》,规定了高校教师升等的范围、要求和程序,但主要限于初次晋级人员。这是我国关于教师升等的第一个文件,教师的升等工作自此拉开序幕[①],此后,教育部又陆续

---

① 李娜.我国高校教师聘任制的现状与对策研究[D].上海:上海师范大学,2009.

发布了两个补充通知：1955年9月发布了《关于修订教师升等问题的补充通知》，进一步明确了高校教师晋升的范围及审批流程，其中晋升对象主要是副教授以下人员；1956年4月发布了《关于高等学校教师升等问题的几项补充通知》，对教学科研能力突出的少数优秀副教授的晋级问题做了规定。这一时期虽然基本解决了高校教师职务晋升问题，但晋级人员数量有严格的限制，尚未在全国形成系统、规范、统一的晋级制度。

1955年9月，中共中央、国务院组成"关于学位、学衔、工程技术专家等级及荣誉称号等条例起草委员会"，于1956年提出了《高等学校教师学衔条例（草案）》等文件，并将学衔定义为"国家根据科学研究人员、高等学校教师在工作岗位上所达到的学术水平、工作能力和工作成就予以的学术职务称号"。学衔的出现主要为解决高等学校中较为突出的"实际已担任了讲师与副教授的工作，但并没有取得讲师和副教授职位"这种矛盾，即在职务提升受限制的情况下，如何认定大学教学人员的业务水平和工资待遇问题。学衔作为一种职务名称，由专家评定委员会通过评定来确定，是学术水平的标志，有别于校长直接任命的职位。这一时期的学衔（称号）具有职务名称的作用，作为确定工资、政治与生活待遇的重要依据，提高了科技人员的政治、社会和经济地位；也与职务名称有所区别，如数量不受限制、实行终身制。这两个概念同时使用，出现了混乱，且多数学者认为学衔与职务名称在高校和科研机构中实质是一回事，都是评价学术水平和业务能力的称号；强加区别，名堂多了反而混淆视听，不起好作用。自1962年后，学衔的概念不再提及。

1960年3月，国务院颁发了《关于高等学校教师职务名称及其确定与提升办法的暂行规定》，明确高等学校教师职务名称定为教授、副教授、讲师、助教四级。现在通用的"职称"，即源于"职务名称"，高校教师的职称、职级概念也由此而来，其作用与工资待遇紧密相连。

三、职务任命制的评价标准与程序

1. 评价标准

1960年3月，国务院颁发了《关于高等学校教师职务名称及其确定与提升办法的暂行规定》，规定教师职务名称的确定与提升，应该以思想政治条件、学识水平和业务能力为主要依据；同时，对资历和教龄也必须加以照顾。

该规定是我国第一部较为系统地规定高校教师职务任命制度实施运行的文件，按照德能勤绩的标准，每个职务等级均制定了较为明确的评价标准以及破格提升的条件（见表 3-1）。

表 3-1　高等学校教师评价标准（1960 年版）

总体评价标准	以思想政治条件、学识水平和业务工作职务名称能力为主要依据；同时，对学历和教龄也必须加以照顾
思想政治条件	拥护中国共产党的领导，热爱社会主义祖国，不断提高政治觉悟，努力为社会主义建设服务
助教	在高等学校本科毕业（或者具有同等学力），学业成绩优良，一般经过一年见习期的考察，证明能够胜任助教工作
讲师	具备下列条件的助教： 1. 已经能够熟练地担任助教工作，成绩优良； 2. 掌握了本专业必需的理论知识和实际知识与技能，能够独立讲授某门课程，并且有一定的科学研究能力； 3. 掌握一门外国语，能够顺利地阅读本专业的外文书籍（对于某些学科和有特殊原因的教师，这一项可暂不列为必备的条件）
副教授	具备下列条件的讲师： 1. 能胜任本专业一门或一门以上课程的教学工作，质量较高，成绩优良； 2. 对本门学科具有系统而坚实的理论知识和比较丰富的实际经验，在一定的业务范围内，能够密切联系实际进行比较深入的研究工作，并取得显著的成就，发表过具有一定水平的科学论文，或者在生产技术方面有较大的贡献，或者在业务技能上有较高的造诣； 3. 熟练掌握一门外国语（对于某些学科和有特殊原因的教师，这一项可不列为必备的条件）
教授	教学工作成绩卓著，对本门学科有科学著作，或者有重大的发明创造，证明在学术水平和解决实际问题的能力方面，已经具有更高水平的副教授（对外国语的要求与副教授同）
破格条件	政治上、业务上进步特别快，在教学、生产劳动和科学研究工作方面成就特别卓著，或者有重大发明创造的教师，可以根据工作需要优先提升 长期担任高等学校教学工作，教学成绩卓著，并有丰富的实际经验的讲师和副教授，虽然他们没有科学著作或者重大的发明创造，由于工作需要，也可以提升

从上述评价标准可以看出，最初的职称评价标准体现了对高校教师思想政治、学历、外语水平的重视，对讲师、助教的评价重点体现在知识掌握和教学授课方面，对副教授、教授的评价重点体现在科学研究、业务工作的深度开展方面，破格条件重在强调教龄、教学或科研成果的卓越性。此后，教育部出台了具体的实施办法，对教学质量和学术水平提出审核要求，对高校教师实行定期考核，依据考核结果确定是否提升，开始出现"评"的迹象。

2. 确定和晋升的程序

根据《关于高等学校教师职务名称及其确定与提升办法的暂行规定》,党委对高校教师的职称工作起领导作用,学校设立校务委员会,不同职位等级对应不同的办理程序:(1) 助教,由校务委员会审核和批准;(2) 讲师,经校务委员会批准后,报省、市、自治区高教(教育)厅(局)备案;(3) 副教授,经校务委员会讨论通过后,报所在省、市、自治区高教(教育)厅(局)批准,并且报教育部和有关主管部、委备案;(4) 教授,经校务委员会讨论通过后,报所在省、市、自治区高教(教育)厅(局)审定,报教育部批准(中央有关主管部门领导的学校,须先商得各相关部门的同意)。与前期相比,高校教师职称评审表现出中央与地方分级管理的初步权力分化,但仍然处于行政权力的高度控制之下。

虽然国家出台了《关于高等学校教师职务名称及其确定与提升办法的暂行规定》,但囿于当时的社会环境和管理理念,仅有少部分学校确定与提升了教师职务,大部分高校并没有进入实际操作。

四、小结

这一时期,在中央集权的政治制度、中央领导的计划经济体制等综合因素影响下,高校教师职称评审制度主要表现出以下特征。

(1) 建立了较为系统的高校教师职务任命制度,为教师的职业发展提供了规范和保障。政治和行政层面实现了对高校教师的高度控制和调配,确保了高校教育的稳定运行。

(2) 明确了教师职务等级体系。根据教师的职务和职责,同时借鉴苏联高校学衔制度,设立了教授、副教授、讲师、助教四个等级,教授作为最高职称级别,代表着高级专业职务和杰出的学术能力;副教授和讲师代表着较高和中级的专业职务;助教则代表着初级的专业职务。职级的设立旨在区分教师的职务级别和专业水平,并为教师的职业发展提供了基本框架。

(3) 探索了高校教师职务的评价标准和晋升程序。《关于高等学校教师职务名称及其确定与提升办法的暂行规定》主要对教师的学术水平和专业能力等方面进行评价,明确了教师职务任命制度的实施运行。相比较而言,当时制定的暂行规定尚处于探索阶段,程序也相对简单,包括教师的申请、资料提交等都比较简化。

（4）直接关联工资等待遇，并终身享有。高校教师职务的确定，学衔、称号等的实施，首要为了解决工资待遇问题，职称与工资紧密相连的关系已得到广大人民群众的共识，并形成了根深蒂固的影响。

第二节　高校教师职称评审恢复与发展阶段

1978年3月，高校教师最早恢复职称评定工作。1978年，随着十一届三中全会的召开，以邓小平为代表的领导集体及时针对矛盾的主要方面，分析我国经济体制改革新形势，总结过去职称评审工作的经验和教训，国务院批转了教育部《关于高等学校恢复和提升职务问题的请示报告》，暂时执行1960年出台的《关于高等学校教师职务名称及其确定与提升办法的暂行规定》，恢复高等学校教师职称制度，并开展提升教师职称工作，同时指出"原已确定提升的各等级职务一律有效，恢复名称，不需要重新办理报批手续"。这一决定鼓励了高等学校教师不断提高政治业务水平，努力做好教学工作和科学研究工作，对推动高等学校教学、科研工作，加强高等学校教师队伍的建设，起到了积极的作用。

1978年10月，教育部通知试行《全国重点高等学校暂行工作条例（试行草案）》，将党委领导下的校长为首的校务委员会负责制改为党委领导下的校长分工负责制，取消校务委员会，设立学术委员会，这意味着我国高校教师职称工作的基层秩序发生了变化[①]。

一、恢复职称工作后的秩序重构

1. 以评定制代替任命制，取消数量限制

恢复高校教师职称评审工作后，教授职称的核定权已经下放至省级行政部门，意味着高校教师一旦通过评定即获得相应职称，终身享受相应级别

---

①　孙华，郭荣.新中国70年高校教师职称评审制度的历史演进——基于历史制度主义的分析范式[J].教育学术月刊，2020(9)：33-41＋56.

工资待遇。各省开始纷纷吸纳专家学者组建职称评审委员会,如火如荼地开展职称评审工作,以解决工作人员的工资待遇问题。

1981 年 3 月,国家人事局发布《关于贯彻执行国务院颁发的七种业务技术职称暂行规定若干问题的说明》,规定"确定或晋升转业干部的业务技术职称,必须经过相应的评审组织评定。未经评审组织的评定,各级主管机关不得授予业务技术职称"。明确提出不再采取行政任命的方式,亦不再有数量的限制。

2. 评定标准、方式和程序的变化

首先,这段时期高校教师职称评定的标准主要参考三个文件,分别是《关于高等学校教师职务名称及其确定与提升办法的暂行规定》《关于高等学校教师职责及考核的暂行规定》《关于试行高等学校教师工作量制度的通知》,以学识水平、业务能力、工作量和考核结果为主要依据,并适当考虑学历和教龄。

其次,各级评审组织的名称,统称"评定委员会"或"评定小组",对成员的要求是"须有一定数量高一级职称的专业干部参加","还应聘请外单位同行专家",首次提出引入同行专家评议,并不断加强评审组织队伍建设,以规范化的程序确保参评人员的质量。

最后,确定职称的程序一般为:(1)由本人申请或组织推荐,提交业务工作报告或学术论著,并在一定范围内进行报告。(2)由本人所在基层单位的专业干部对评定对象的政治表现、业务水平进行评议,提出推荐意见。(3)评审组织根据本人提交的材料和所在基层单位的意见进行评议,提出评定结论。同意授予职称的,由主管机关授予;属于上一级评审组织评定的,提出推荐意见,连同有关材料,转送上一级评审组织评定。(4)有关评定和授予职称的材料,存入人事档案。

3. 开始注重评定后的考核工作

1979 年 11 月,教育部发布《关于高等学校教师职责及考核的暂行规定》,对大学教师的职责、大学教师的聘任与晋升的评价标准、从哪些方面考核以及考核方式等问题均做出了规定[①]。改变了以往注重"评",不注重"用"的状况,职责考核对高校教师晋升职称后的教学、科研工作都发挥着一定的

---

① 刘立志. 高校教师队伍建设政策发展的理论研究[D]. 上海:华东师范大学,2003.

约束作用,对晋升下一级职称也至关重要。

虽然恢复阶段的高校教师职称评审政策主要是沿袭 1960 年的暂行规定,并未根据当时的实际情况直接制定出新的职称评审政策,从相关政策文本中可以看出,中央有关部门已经开始重新关注高校教师的职称工作,最重要的是改变了过去教师职务行政任命的方式,放开任职资格名额和数量的限制,改为以专家评定作为职务认定的主要方式,并采取终身制,极大地鼓舞了高校教师的工作热情。

二、取得的成效

恢复职称评定后,高教部门和各高等学校贯彻"坚持标准,保证质量,全面考核,择优提升"的方针,解决了很多教师提职方面积压下来的问题,成绩显著。

从 1978 年到 1981 年 12 月,经过三年的实践,全国共有 139 462 名教师确定与提升了讲师以上职称,其中,2 498 人确定与提升为教授,20 771 人确定与提升为副教授,116 193 人确定与提升为讲师。不少学校在提职中对思想政治上符合条件,教学、科研成绩特别优秀的教师实行破格提升,到 1982 年 3 月底,全国高等学校由助教越级提升为副教授的有 550 人,由讲师越级提升为教授的有 196 人。经过大量定职提职,我国高等学校教师队伍的结构也发生了变化。全国教授由 1977 年的 2 288 人(占教师总数的 1.2%)上升到 5 078 人(占教师总数的 1.9%);副教授由 1977 年的 3 531 人(占教师总数的 1.9%)上升到 22 541 人(占教师总数的 8.6%);讲师由 1977 年的 27 344 人(占教师总数的 14.8%)上升到 128 386 人(占教师总数的 48.8%);助教由 1977 年的 110 478 人(占教师总数的 59.8%)下降到 37 324 人(占教师总数的 14.2%)。有的学校有的专业过去没有教授、副教授,现在有了。由于一批中青年教师得到提升,高等学校各级职称的教师的平均年龄也降低了[①]。

1982 年 2 月,教育部下发了《关于当前执行〈暂行规定〉的实施意见》,对

---

① 《关于当前执行国务院关于高等学校教师职务名称及其确定与提升办法的暂行规定的实施意见》的通知[EB/OL]. (1982-02-26)[2022-01-10]. http://www.fsou.com/html/text/chl/1827/182792_4.html.

《关于高等学校教师职务名称及其确定与提升办法的暂行规定》做了一些补充,使高等学校教师的职称工作进入常态化、制度化。

三、整顿与总结

1983 年,中共中央办公厅、国务院办公厅联合发布《关于整顿职称评定工作的通知》,通知暂停全国职称评定工作包括高校教师的职称评定,统一进行整顿。在接下来一年的时间里,高等学校开展职称评定工作的检查和总结,尤其是 1978 年恢复职称工作以后的问题、情况和经验,并提出调整的建议。

自 1978 年恢复职称工作,高校实行的职称评定制度,形成了我国高校教师职称评审制度的雏形,即评价的标准、评审的程序、评审委员会的组成、评审结果的使用等形成了初步的模板,为后续高校教师职称评审制度的改革和发展提供了基础和经验。在建立高校教师职称评审制度的初始阶段,面临着一系列问题,也是职称整顿的主要内容,主要有以下几点。

(1)评定标准不够完善。1960 年出台的《关于高等学校教师职务名称及其确定与提升办法的暂行规定》,以思想政治条件、学识水平、业务能力、资历和教龄为主要依据;1978 年恢复职称工作后,评定标准没有变化,很多问题的解释不够具体和准确,同时缺乏经验和参考,可能存在各级评定委员会对评审标准的理解和执行不一致,导致评审结果的主观性和不公正性。

(2)评审程序相对简单。在建立职称评审制度之初,评审程序相对简单,主要分为个人申报、组织推荐和评定委员会评审,缺乏程序的统一性和规范性,如组织推荐的流程、评议的范围、评议的标准等,也没有对评审过程进行监督,这可能导致评审过程不透明、不规范,容易引发争议。

(3)评定过程缺乏专业化和权威性。恢复职称工作后,规定评定委员会成员中"须有一定数量高一级职称的专业干部参加"且应有外单位的同行专家;但当时高校教师中具有高级职称的人员仅有 5 000 余名,占高校教师队伍的 3% 左右(1983 年底,全国的高级职称人员约为 9.4 万,占职称总数的 1.6%),其中正高级职称人员非常少,而数据显示副教授人数以每年翻倍的态势增长,这其中评审成员是否经过专业培训,是否具备足够的评审素养和权威性,评审质量是否具备足够的公信力等,在高校教师职称评定工作进入快速发展的过程中,应当予以重视。

（4）评定结果重评轻用。由于评定标准和程序的不完善，一些评定结果可能被质疑；同时，评定结果如果作为兑现工资待遇的途径，仅存放在个人档案中而不经过实践检验，更难以获得广泛的认可。职称的权益不明确，评定的结果没有任何纪律约束，只注重"评"不注重"用"，难以真正实现职称的有效性，发挥其应有的作用。

总体而言，重新恢复高校教师职称评审工作是重要的发展阶段，尽管面临一些挑战和困难，但它为后续的改革奠定了基础。如完善评审标准，使其更具客观性和科学性；建立更为严谨和规范的评审程序，确保评审的公正性和透明度；加强评审人员的专业化培养、建立权威的评审机构等，为健全高校职称制度提供了经验和基础。

1985年，中共中央发布《关于教育体制改革的决定》，提出在加强宏观管理的同时，实施权力下放，扩大学校的办学自主权，高等学校的教育进入新一轮改革，职称评审制度也随之发生变化。

第三节　高校教师职称评审改革与深化阶段

经过两年的检查与总结，1985年国家重新开始了高校教师职称评审工作。1985年12月，中央职称评定工作领导小组向国务院提交了工作报告，完成了历时两年的职称整顿工作。报告中统计了全国高校获得职称的教师人数，对职称评审工作近年来取得的成绩予以肯定。同时，报告指出当前的职称评审制度不能满足高校的需要，应对其进行改革。各高校应该根据实际需要设置专业技术工作岗位，选出符合条件的人员进行任命或者聘任。这种聘任设有一定的任期和明确的职责，并且高校的工资制度也主要是职务工资。这就是专业技术职务聘任制，这一制度改革打破了以往"终身制"的做法，有利于合理的利用好人才资源，使得青年教师更具有活力与积极性。职务聘任制不同于过去的职务任命和评定制度，而是制度发展和制度创新，是一次新的制度尝试[①]。

---

① 刘艳红.技术治理背景下公办高校教师职称评审制度研究[D].长春：吉林大学，2022.

专业技术职务聘任制是我国实施时间最长,影响最为深远的职称制度,对高校教师的职业发展产生了重要作用。在实施过程中,也经历了发展与变化。

一、国家主导下的高校教师聘任制

1. 职务聘任制试行阶段(1986—1990 年)

1986 年 2 月,国务院发布了《关于实行专业技术职务聘任制度的规定》,对实行专业技术职务聘任制度做出了详细的规定。规定首先明确了专业技术职务的定义,强调专业技术职务是"根据实际工作需要设置的有明确职责、任职条件和任期,并需要具备专门的业务知识和技术水平才能担负的工作岗位,不同于一次获得后而终身拥有的学位、学衔等各种学术、技术称号"。"建立专业技术职务聘任制度,应当根据实际需要设置专业技术工作岗位,规定明确的职责和任职条件;在定编定员的基础上,确定高、中、初级专业技术职务的合理结构比例;由行政领导在经过评审委员会评定的、符合相应条件的专业技术人员中聘任;有一定的任期,在任职期间领取专业技术职务工资。"《关于实行专业技术职务聘任制度的规定》的发布,标志着我国专业技术人员进入职务聘任制,集评价、使用和待遇为一体的新型管理制度。

1986 年 3 月,中央职称改革工作领导小组转发国家教育委员会《高等学校教师职务试行条例》,其中第二条规定"高等学校教师职务是根据学校所承担的教学、科学研究等任务设置的工作岗位。教师职务设助教、讲师、副教授、教授。各级职务实行聘任制或任命制,并有明确的职责、任职条件和任期",高校教师开始进入聘任制阶段。同时还指出"高等学校的教师编制应依据国家规定的师生比例确定,教师职务应有合理结构"。

《高等学校教师职务试行条例》首先规定了各级职称的岗位职责,包括教学、科研、学生工作、实验等多方面的要求;其次,规定了各职级的任职条件,包括思想道德要求及任职资格;再次,对任职资格的评审做出规定,按照评审权限组织相应职级的评审;最后,对聘任及任命做出规定,包括聘任的组织、考核要求、任职期限等(见表 3-2)。

表 3-2　1986 年高校教师任职条件、评审及聘任的规定

职称	任职条件		评审	聘任
	思想道德	任职资格		
助教	拥护中国共产党的领导，热爱社会主义祖国，努力学习马克思主义和党的路线、方针、政策，有良好的职业道德，遵守法纪，能为人师表，教书育人，能全面地、熟练地履行现职职责，积极承担工作任务，学风端正	具备下列条件之一： 1. 获得学士学位；或在工作实践中学习提高经考试或考查，确认达到学士学位水平，经过一年以上见习试用，表明能胜任和履行助教职责 2. 获得硕士学位或研究生班毕业证书或第二学士学位证书，经考察，表明能胜任和履行助教职责	由学校教师职务评审委员会或评审组审定	1. 一般由系主任、教研室主任或学科组负责人依据教师任职条件推荐提出任职人选，经相应教师职务评审组织评审通过后，按照限额进行聘任或任命 2. 高等学校教师职务聘任及任命工作由校（院）长负责 3. 高等学校教师任职时，学校需明确其应履行的职责和承担的任务，颁发聘书或任命书。任职期限由学校根据工作需要确定，一般为二至四年，可以续聘或连任 4. 学校对被聘任或任命职务的教师的业务水平和能力、工作态度和成绩，应进行定期及不定期考核。考核成绩记入考绩档案，作为提职、调薪、奖惩和能否续聘或继续任命的依据 5. 其他专业技术人员或机关团体的工作人员到高等学校任教，经过一年以上的考察，视其业务水平及履行职责的实际能力，经评审或认定任职资格后，聘任或任命为相应的教师职务
讲师		具备下列条件之一： 1. 在担任四年或四年以上助教职务工作期间，已取得高等学校助教进修班结业证书；或确认已掌握硕士研究生主要课程内容，具有本专业必需的知识与技能和从事科学技术工作的能力，能顺利地阅读本专业的外文书籍，经考察，表明能胜任和履行讲师职责 2. 获得研究生班毕业证书或第二学士学位证书且已承担两年或两年以上助教职务工作，具有本专业必需的知识与技能和从事科学技术工作的能力，经考察，表明能胜任和履行讲师职责 3. 获得硕士学位且已承担两年左右助教职务工作，或获得博士学位，经考察，表明能胜任和履行讲师职责	由学校教师职务评审委员会审定，报省、自治区、直辖市或主管部委教师职务评审委员会备案；没有成立教师职务评审委员会的学校由教师职务评审组评议，报省、自治区、直辖市或主管部委教师职务评审委员会审定	
副教授		承担五年以上讲师职务工作；或获得博士学位且已承担两年以上讲师职务工作，经考察，表明能胜任和履行副教授职责，并具备下列条件： 1. 对本门学科具有系统而坚实的理论基础和比较丰富的实践经验，能及时掌握本门学科发展前沿的状况，并熟练地掌握一门外国语 2. 教学成绩显著，能较好地对学生进行启发式教学，培养其分析问题或解决问题的能力 3. 发表过有一定水平的科学论文或出版过有价值的著作、教科书；或在教学研究方面有较高造诣；或在实验及其科学技术工作方面有较大的贡献	由学校报省、自治区、直辖市、主管部委教师职务评审委员会审定，审定的教授报国家教育委员会备案；部分高等学校教师职务评审委员会经同省、自治区、直辖市、主管部委批准，有权审定副教授任职资格，或有权审定副教授、教授任职资格。审定的教授报国家教育委员会备案	
教授		承担五年以上副教授职务工作，经考察，表明能胜任和履行教授职责，并具备下列条件： 1. 教学成绩卓著 2. 发表、出版过有创见性的科学论文、著作或教科书，或有重大的创造发明 3. 在教学管理或科学研究管理方面具有组织领导能力		
备注		对在教学工作或科学研究工作及其他科学技术工作等方面成绩特别突出的教师，其任职条件可不受学历、学位、任职年限等规定限制		

相比之前的文件,《高等学校教师职务试行条例》赋予了高校更多的自主权,搭建起高校教师职务聘任制度的框架,明确了高校依据师生比和教学科研工作需要设置岗位①。同时,对于高校教师任职条件的要求有所改变:一是教师晋升高一级职称时,需要有一定的任职年限要求,如助教晋升讲师,须任职助教满四年或具有硕士学位并承担助教工作两年;讲师晋升副教授,须任职讲师满五年或具有博士学位并承担讲师工作两年以上。二是高级职称的任职条件有所提高,不仅要求教师有较强的教学能力,还明确要求其发表论文或出版著作等。三是体现对学历的重视,具有硕士学位可以直接评助教,具有博士学位可以直接评讲师,具有博士学位并承担讲师工作两年以上可以申报副教授,等等,高学历学位人员在任职年限上的要求大幅降低,提高了高校教师的准入门槛,有利于高校教师队伍的专业化建设。

此外,《高等学校教师职务试行条例》虽然规定了全国高校教师职务任职资格评审工作由国家教育委员会指导,地方高校评审工作由各地职称改革工作领导小组领导,但实际操作中,高校基本享有讲师、助教任职资格的评审权;只是不具备副教授、教授任职资格评审权。1986年至1989年期间,国家两次向部分高校下放教授、副教授任职资格评审权。1986年,国家向32所高校下放教授任职资格评审权,向9所高校下放副教授任职资格评审权。1988年,国家再次向48所高校下放教授任职资格评审权,向60所高校下放副教授任职资格评审权。

《高等学校教师职务试行条例》对调动广大高校教师的积极性、创造性发挥了重要作用。但随着我国高等教育的快速发展,完善高校教师职称制度的需求日益迫切,各地各高校探索教师职称制度改革,取得了显著成效,同时仍存在评价标准和评价机制不够完善等问题,需要进一步巩固、完善成果。随后国家发布《关于〈高等学校教师职务试行条例〉的实施意见》及《高等学校教师职务评审组织章程》,对各级评审组织、职责和程序做了详尽的规定,对高校教师职务聘任制提供了具体实施措施。

2. 职务聘任制建设阶段(1990—1999年)

1991年,我国企事业单位首轮专业技术职务评聘工作结束。1991年,国家教委联合人事部共同印发《关于高等学校继续做好教师职务评聘工作

---

① 杨毅. 新中国高校教师聘任制度变迁研究[D]. 重庆:西南大学,2013.

的意见》,肯定了高校实行教师职务聘任制的改革成效。根据实践情况,提出了十七条建议来完善高校教师职务评聘工作,分别对高校教师职务评聘工作的领导、评聘组织建设、评审办法、不同层次类型高校教师的任职条件及考核重点等内容进行了规定,并且高校可试行缓聘、低聘教师等制度,以及经批准可在副教授这一层次进行任职资格评审和职务聘任分开的试点工作。高校教师职务评聘工作开始迈入建设期①。

从 1992 年开始,我国大力推进高等教育内部管理体制深化改革,政府作为行政部门处于整体规划的位置,学校作为办学主体主要致力于自主招生、自主设置专业、自主聘任老师等与办学相关的事务。1993 年 1 月,国务院批转国家教委《关于加快改革和积极发展普通高等教育意见的通知》,提出高校要进一步改革专业技术职务评聘工作,进一步下放教师任职资格评审权,并制定有关政策,体现正确的政策导向。1993 年 2 月,国务院颁发了《中国教育改革和发展纲要》,指出各级政府要重视教育并加大对其投资,支持学校建设教师队伍,并且将权力下放到学校。1994 年 3 月,国家教委和人事部共同发布了《关于进一步做好授予高等学校教授、副教授任职资格评审工作的通知》,对高校获得高级职称评审权应满足的条件、审批办法和监督制度做出明确规定,目的是继续下放教授、副教授任职资格评审权,赋予更多高校在教师职务评聘中的自主权。

1993 年 10 月,第八届全国人大常委会第四次会议审议通过了《中华人民共和国教师法》,于 1994 年 1 月起施行,从根本上推动了我国教育事业的发展。《中华人民共和国教师法》明确了教师的权利与义务,规范了教师的资格任用制度,高校教师应具备研究生或者大学本科毕业学历;职务聘任制度为高校聘任教师的主要制度。1995 年 3 月,第八届全国人民代表大会第三次会议审议通过《中华人民共和国教育法》,进一步明确了教师资格、职务、聘任等制度。1995 年 12 月,国务院发布了《教师资格条例》,明确各阶段教育的教师资格条件包括高等教育在内,可以面向社会招聘教师,而不是只招聘师范院校的毕业生。这一举措扩大了高校教师的来源途径,为我国大学的扩招做好了准备,也进一步强化了聘任制,突出择优聘任的原则。

---

① 国家教委,人事部.关于印发《关于高等学校继续做好教师职务评聘工作的意见》的通知[EB/OL].(1991-04-10)[2022-12-01].http://www.lscps.gov.cn/html/17168.

　　1998 年 8 月,第九届全国人民代表大会常务委员会第四次会议审议通过《中华人民共和国高等教育法》,开辟了我国高等教育依法治教的道路,为进一步改革和发展高等教育事业提供了重要的法律依据。《中华人民共和国高等教育法》规定了高校设立的目的和基本条件,确认了我国高等教育宏观管理的新体制和高校内部领导体制,明确了高校的法人地位和办学自主权。同时,将教育改革中成熟的经验用法律予以确定,规定"高等学校实行教师聘任制。教师经评定具备任职条件的,由高等学校按照教师职务的职责、条件和任期聘任。高等学校的教师的聘任,应当遵循双方平等自愿的原则,由高等学校校长与受聘教师签订聘任合同"。

　　这段时期的教师职称评审制度主要体现出政府主张改革高校管理体制,国家建立了大量的教育法律和规章制度,不断规范和完善教师职务聘任制度;同时,教师职称评审权力逐步下放,量化设计开始进入职称评审体系。此前的职称评审面临严重的论资排辈现象,主观性较强,自 1986 年起有学者开始围绕量化评价进行研究,90 年代后量化评价在高校职称评审中得到应用。量化评价是对职称评审中涉及的指标进行赋分,如对学历、论文、著作、项目、获奖等指标按照级别、排名、权重等进行赋分,最后计算出总分值,分值的高低对评审具有重要的影响。量化评价的特点是直接、客观、公开,年龄、资历等因素的影响力大大降低,缓解了当时职称评审的主要矛盾,得到了年轻教师群体的拥护。

　　量化评价以指标的客观透明、可量化和通约性等优点,得到了高校的普遍认可与应用,一定程度上促进了高校学术产出的繁荣,虽然同时也伴有质疑和批评的声音,却依旧无法阻挡其在高校的盛行。在实际应用中,高校的量化指标体系越来越精细化,细化到期刊的级别、影响因子和引用率,项目的级别、到账经费,获奖的排名,等等。随着量化评价在高校教师职称评审中的应用变得越来越极致,其负面效应也开始显现,"重数量、轻质量"导致的学术虚假繁荣、"重科研、轻教学"引发的人才培养质量下滑等问题成为阻碍高等教育高质量发展和学术卓越的制度瓶颈。

二、高校自主型职称评聘制(1999 年至今)

　　1. 量化评价的繁荣:收入分配制度改革与职称评聘(1999—2007 年)

　　1999 年 9 月,教育部出台《关于当前深化高等学校人事分配制度改革的若干意见》,大力推进新一轮的高校内部管理体制改革,通过改革人事分配制度理顺管理体制,强化岗位聘任,打破"铁饭碗"和平均主义"大锅饭",破除职务"终身制"和人才"单位所有制",形成"能进能出、能上能下、能高能低"的激励竞争机制,建设高素质教师队伍和管理队伍。2000年6月,中组部、人事部、教育部联合出台《关于深化高等学校人事制度改革的实施意见》,按照"按需设岗、公开招聘、平等竞争、择优聘用、严格考核、合同管理"的原则,在高等学校工作人员中全面推行聘用制度。通过机构编制改革、用人制度改革、分配制度改革等措施转换用人机制,淡化身份评审、强化岗位聘任,同时建立人才流动保障和服务体系,搞活用人制度,充分落实高校内部管理自主权。

从1999年实行的高等教育管理体制改革,在宏观管理体制方面形成了中央和省两级管理、以省为主管理的新体制。在高校人事制度改革方面,政府逐步下放高校教师职称评审和聘任权力,同时,聘任制得到了法律的保障,高校的用人制度不断进行改革创新。但是在进行人事制度改革之初,获得高级职称评审权的高校以部属高校为主,大多数地方高校高级职称评审权仍然归于省级主管部门,所以这段时期的人事改革以行政主管部门的指导思想为主、以高校收入分配制度改革为主,职称评审、岗位聘任方面的改革推进缓慢。另外,部分获得副教授或教授评审权的高校,可以自行评聘职称,同时对分配制度进行改革试点,改变了传统的平均主义模式。比如,北京大学在1999年开始实行岗位津贴分配制度,不同职称对应不同标准的岗位津贴,职级之间存在交叉现象,即副教授的最高岗位等级津贴高于教授的最低岗位等级津贴,打破了同级职称同等收入,高级别职称待遇更高的传统做法。

高校教师收入分配制度的改革过程中,用什么标准来衡量同一职称之间收入分配的不同成为难点。同时,国家开始启动大规模的教育评估活动,如本科教学评估和学科评估,评价的依据主要参考发表论文数量、奖项、项目等明确的可量化的指标。这些教育评估活动为高校收入分配制度改革提供了参考,最先试点的高校也以教师发表论文的数量、级别等作为收入分配的主要依据,强化了高校教师职称评审中论文、奖项、项目等的重要性,职称评审条件越来越技术化、指标化。

2. 分类评价的改革:岗位设置管理与职称评聘(2007—2017年)

2007年5月,人事部、教育部印发了《关于高等学校岗位设置管理的指导意见》,岗位设置和管理工作由政府转向高校自身,要求高校转换用人机制,实现由身份管理向岗位管理的转变。首次阐明了岗位设置与岗位聘用的关系,岗位设置是岗位聘用的前提,岗位聘用要以岗位任职条件为依据,从而真正实现按岗聘用、合同管理;提出了通用的岗位等级,细分了专业技术岗位内部等级;明确了根据所聘岗位确定岗位工资待遇,不同类别、不同等级的岗位与岗位工资相对应,使得岗位设置、岗位聘用与工资待遇紧密结合在一起,为"岗变薪变"提供了政策依据。

作为基本管理制度,岗位管理要体现在人事管理的各个基本环节,成为公开招聘、竞聘上岗、岗位考核、收入分配的基础和依据。推行聘用改革,加强岗位管理必须从规范岗位设置入手。《关于高等学校岗位设置管理的指导意见》从国家层面规范了高等学校的岗位设置管理,对岗位设置管理的原则、权限、程序、范围、分类、等级、结构比例以及监管等方面做出了原则性规定,明确教师岗位是高校专业技术岗位主体,鼓励高校积极探索教师岗位分类管理,设置教学为主型、教学科研型和科研为主型岗位。不同类型岗位的要求决定了高校教师职称评审条件的差异,不同类型、不同级别的任职资格条件显然不一样,所以,高校教师的职称评审标准开始走向多样化,更具专业性。

2010年6月,中共中央、国务院颁布了《国家中长期人才发展规划纲要(2010—2020年)》,提出要建立科学的专业技术人才评价机制,加快推进职称制度改革,完善专业技术职务任职评价办法,落实用人单位在专业技术职务(岗位)聘任中的自主权;重点在于要深化职称制度改革,建立符合社会主义市场经济体制要求、体现各类专业技术人才发展规律、适应专业技术人才队伍建设需要的新的职称制度。同年7月,《国家中长期教育改革和发展规划纲要(2010—2020年)》正式公布,提出现代大学制度进行改革试点,高校全面实行聘任制度和岗位管理制度,特别指出"将师德表现作为教师考核、聘任(聘用)和评价的首要内容。采取综合措施,建立长效机制,形成良好学术道德和学术风气,克服学术浮躁,查处学术不端行为"。

上述两个文件都提出,选择部分地区和学校开展现代大学制度重大改革试点,全面实行聘任(聘用)制度和岗位管理制度;实行新进人员公开招聘制度;探索协议工资制等灵活多样的分配办法;等等。其中,需要破解的重点难点问题主要有:一是要研究如何以科学的职业分类为基础,统筹专业技术职业资格制度和专业技术职务任职评价制度,建立分类科学、关系明晰、等级完备的职称制度体系;二是研究如何建立以品德、能力和业绩为导向,体现不同专业技术人员职业特点的职称评价机制;三是研究如何按照创新社会管理、转变政府职能的要求,健全管理规范、运转协调、服务周到的职称管理体制;四是研究如何同步推进职称制度与企事业单位的劳动人事制度改革,使之相配套、相衔接。经过部分高校的前期试点,地方高校自2010年启动首轮岗位设置、聘用与考核工作,开始探索分类考核、分类评价。

2011年1月,教育部发布《全国教育人才发展中长期规划(2010—2020年)》,指出高校存在内部治理结构不完善,行政化倾向严重等问题,将在高校全面实行聘任(聘用)制度和岗位管理制度,完善高校教师分类管理办法,促进教师分类发展。将师德表现作为教师考核、聘任和评价的首要内容,形成良好的学术道德和学术风气。在岗位聘任、分类评价和职称评审中都出现了强烈的量化标准,这种"一把尺子"的量化方式对于高校不同学科而言,显然是不公平的,尤其对哲学社会科学类学科不利。2011年11月,教育部发布了《关于进一步改进高等学校哲学社会科学研究评价的意见》,在第九条中指出:"建立健全分类评价标准体系。要针对人员、项目、机构、成果等不同评价对象,人文学科和社会科学等不同学科领域,基础研究和应用对策研究等不同研究类型,论文、著作、教材、研究报告、普及读物、非纸质出版物等不同研究成果形式。"高校在实行岗位聘任与考核的过程中,人文社会科学的量化评价显现出极大的弊端。量化评价在经历二十年的发展后,其标准化无法适应分类的要求。

2016年8月,教育部发布了《关于深化高校教师考核评价制度改革的指导意见》,其中第四条提出:"坚持分类指导与分层次考核评价相结合,根据高校的不同类型或高校中不同类型教师的岗位职责和工作特点,以及教师所处职业生涯的不同阶段,分类分层次分学科设置考核内容和考核方式,健全教师分类管理和评价办法。坚持发展性评价与奖惩性评价相结合,充分发挥发展性评价对于教师专业发展的导向引领作用,合理发挥奖惩性评价的激励约束作用,形成推动教师和学校共同发展的有效机制。"第十三条指出:"实行科学合理的分类评价。针对不同类型、层次教师,按照哲学社会科学、自然科学等不同学科领域,基础研究、应用研究等不同研究类型,建立科学合理的分类评价标准。"这一指导意见明确对高校教师的评价方式做出重要改革,强调以师德为先,坚持对教育教学、科学研究、社会服务的多方位评价,要关注学科差异、丰富考核方式、健全评价办法,不再以传统的量化指标为唯一的考核评价途径,将发展性评价与奖惩性评价相结合,既要科学地评价教师的劳动成果,也要激发教师的工作活力,促进教育教学高质量发展。该指导意见提出了一系列针对高校教师考核评价制度改革的措施,提出和探索分类评价机制是制度设计进步发展的体现,尊重不同学科专业的特色,对教师工作内容进行多维评价,有助于全面科学地评价教师的工作能力,促进教师的反思与成长。

2016 年 11 月,中央全面深化改革领导小组会议审议通过《关于深化职称制度改革的意见》,意见的基本原则强调"坚持问题导向、分类推进","把握不同领域、不同行业、不同层次专业技术人才特点,分类评价"。意见的出台指明了高校教师职称评审制度改革的方向:(1)强调师德表现,明确将师德表现作为教师职称评审的首要条件,引导教师更加注重师德修养和职业操守,提高教师的整体素质;(2)实行分类评价,对不同学科和岗位的教师制定科学合理的分类评价标准,更好地评价教师的实际工作能力和专业贡献,避免"一刀切"的评价方式;(3)评价标准多元化,克服"唯学历、唯资历、唯帽子、唯论文、唯项目"等倾向,引导教师注重教学和人才培养,避免过度追求科研成果忽略教学的重要性;(4)重视教师职业发展,建立健全教师发展体系和职业发展通道,激发教师的积极性和创造性,促进教师的个人成长和职业发展。

总体来说,这一时段对高校教师的评价导向开始转变,开启了以师德为先、分类评价、评价标准多元化等评价新思路,扭转传统的量化评价不合理之处。

3. 地方高校教师职称自主评审阶段(2017 年至今)

2017 年 3 月,教育部等五部门联合下发《关于深化高等教育领域简政放权放管结合优化服务改革的若干意见》,提出下放高校教师职称评审权到高校及改进评审办法。2017 年 10 月,教育部、人社部印发了《高校教师职称评审监管暂行办法》,对高校教师职称评审权下放后的评定标准、评价方法及监管问题进行了规定,进一步推动高校教师职称制度改革。地方高校开始根据国家政策规定和工作部署,从微观层面自主探索高校教师职称制度。

三、高校教师职称评审制度的改革特征分析

我国的职称评审制度经历了多个阶段,每个阶段都适应了当时的社会经济发展水平。在整个高校教师职称评审制度的改革与发展过程中,有两条关系线贯穿始终。一条是学校与政府的关系,另一条是教师职称评聘关系。学校与政府的关系经历了集权到分权的多次反复,即学校本位还是政府本位的问题,教师职称评聘关系经历了任命制→评定制→聘任制→评聘制的改革走向。受这两条主线的影响,我国高校教师职称评审制度改革呈现出以下特征。

1. 评审权力:由政府主导向高校自主转变

纵观我国高校教师职称评审制度的发展演变,整体上呈现出"集权—分权"的权力下放路径。在高校教师职称评审早期,政府一直掌管着高校,教师职称评审工作长期受行政因素的钳制。新中国成立初期,我国效仿苏联建立了高度集权的国家管理体制,在高校教师职称评审方面表现为借鉴苏联的学衔制度,形成以行政权力为主的权力结构模式。

权力归属会直接影响评聘模式,在以集权管理为特征的权力结构下,高校教师职称评审不仅在人事制度的制定上遵从教育行政部门,在制度执行过程中也统一由行政主管部门组织和审批。改革开放之后,政府与高校的关系发生了变化,政府针对高校出台了实施教师职务聘任制的改革办法,将教师聘任权力下放高校,迈出政校分权的第一步。从 1986 年到 1991 年,国家教委和人事部先后五次下放高校的教授、副教授评审权,共计有 187 所高校获得了高级职称评审权。

下放职称评审权是落实高校办学自主权的重要举措。随着政府简政放权的力度加大,政府主导评审在教师职称评聘中逐步弱化,高校教师职称评审也逐渐摆脱政府干预模式。1998 年颁发的《中华人民共和国高等教育法》中"高等学校实行教师职务制度"为高校自主进行岗位设置与聘任提供了法律依据,高校的自主权逐步扩大。在"放管服"背景下,国家层面已经最大限度地减少对微观事务的管理,不断落实和扩大高校办学自主权,从微观的直接管理转向宏观的间接管理,高度分权模式已经逐渐成形。

在计划经济时代,政府对各级各类院校采取以行政命令为主的高度集

中的管理方式,实行教师职务任命制;在社会主义市场经济阶段,经历了职务聘任制到教师岗位聘任制的转变。高校教师职称评审实现从政府主导向高校自主转变,其内在动因是逐步由政府任命的静态过程转向由市场调节为主的动态变迁①。习近平总书记多次强调,权力就是责任,责任就要担当。政府下放教师职称评审权到高校,还体现了教师个体价值、学校价值和社会价值导向的统一,以及高校自主办学和坚持社会主义办学方向的统一。高校职称评审权下放是高校办学自主权落实的重要内容,也是驱动人才管理体制制度改革的重要举措,应协同政府、高校、社会力量,构建多元协同治理机制,克服“一放就乱,一乱就收”的恶性循环,保障高校教师职称评审权放得下、落实到位。

2. 评审标准:从简单、统一向分类、量化转变

高校教师职称实行职务任命制时期,通常由校长或院长等进行任命,评审主体是唯一的,评价标准相对简单且主观性较强。伴随高校办学自主权的下放,高校的各类评估相继启动,职称评审的主体也从政府转移到高校,评审流程变得越来越复杂,评审标准变得越来越具体、量化,并且根据学科分类还细分出不同的评价标准。高校教师职称评审制度的改革历程就是不断完善评审标准和组织流程的历程,这种变化旨在提高职称评审的科学性、公正性和合理性,以适应中国高等教育的发展。

在职务任命制时期,职称是由校长直接决定的,且没有特别明确的任命标准。进入到技术职称评定制以后,1960 年出台的《关于高等学校教师职务名称及其确定与提升办法的暂行规定》各级职称的任职条件中,对思想政治、外语、专业技术水平等方面的规定较为宽泛,没有具体的技术水平、论文数量或级别的要求等。20 世纪 80 年代进入专业技术职务评聘制后,伴随考核要求的出现,逐步形成对量化评价的研究与应用,学界的学术研究主题和高校职称评审实践都验证了这样的变革趋势。首先,20 世纪 90 年代关于高校教师职称研究方面的主题,主要是探索如何制定及实行量化评审的方法让职称评审科学化,当时的研究主要是围绕如何确定量化指标、确定权重以及量化评价的优势等。其次,在职称评审制度上,当时的文件规定虽然比较

---

① 文少保,蒋观丽.高校教师职称评审制度变革的历史制度主义分析[J].大学教育科学,2019(4):91-98.

简单,但已经从过去的笼统规定细化出论文数量、级别、项目、奖励等不同成果的类别,如某高校 1999 年的职称评审文件中出现了"发表中文核心论文 6 篇,其中 SCI 收录论文 2 篇"的要求,这样的要求是量化评价指标的雏形,虽然比较简单,但开始将"量"的概念引入评审标准。

进入 21 世纪后,量化评价在人文社会科学领域遭遇瓶颈。与自然科学类学科相比,人文社会科学类在论文数量、质量、项目级别等量化指标的评价上处于弱势,开始出现了对量化评价的质疑,南开大学、复旦大学等高校开始研究如何评价人文社会科学类成果。量化评价的发展,是伴随着对高校的各类评估实践而兴起的,如学科评估;也是伴随着高校量化评价实践的发展而发展的,如高校的排名。量化评价直观、客观,具有较为明显的优势,有其可取之处,但其造成的学术上急功近利、虚假繁荣也是不容忽视的。慢慢地,从学术界到政府对量化评价的弊端达成了共识,中央明确提出高校教师职称评审改革中要破"五唯",高校开始推行分类评价、代表性成果评价等新一轮评价标准改革。

3. 评审目的:从宏观分配向激励考评转变

高校教师职称评审制度改革的目的是为了解决不同时期高校教师的激励问题,其演变是基于宏观的历史背景下不断地调整与发展。在计划经济体制下,高等教育资源完全由行政手段配置,决策权掌握在政府手中,高校只能在政府赋予的资源限度内对资源进行再分配,即政府分配职称数额,校长进行数额内的人员任命;同时,高校教师归为"干部"序列,职称可终身享有。在高校教师职称晋升管理采取定额分配时期,高校在职称评审等人事管理制度方面须与中央高等教育管理政策规定高度一致,几乎没有自主性。教师一旦获得职称或者称号,便终身享有,且没有考核一说,职称晋升意味着一劳永逸,所以激励仅对有晋升需求的教师有效,对获得职称晋升的最高级别职称人员反而是无效的。这种通过定额分配、行政任命的资源配置方式,形成高级职称人员资源浪费、青年教师工作积极性低下等负面效应,无法实现职称的有效激励作用。

激励之所以能调动人的积极性就在于它能满足人的某些需要。改革开放以来,政府不断调整职能,高校教师职称评审开始由模仿苏联的政府集权管理模式,逐步转变为高校自主评审、引导和激励教师晋升职称。激励与约束人们的行为是制度发挥其影响力的主要方式,一方面在职务评审环节引入了竞争机制,对教师晋升的数量加以限制,同时不断优化晋升机制,尽可能地避免过去专业技术职务评审中"论资排辈"的现象,制定出较为规范的科研、教学量化标准等,极大地提高了晋升质量。正如麦格雷戈"X-Y"理论所指出的人是天生热爱工作的,人的行为受到动机支配。高校教师职称评审在明确的标准引导和稳定的结果预期下,教师的积极性将能够得到持续有效地激发。另一方面,注重物质激励与精神激励并重,职称设立之初是为解决工资待遇问题,但改革进行到今天,职称不仅是高校教师兑现岗位工资的依据,还代表着教师的学术水平、学术影响力等非物质因素,同样影响着教师的工作积极性。根据综合激励理论和公平理论,职称晋升既能满足教师基本的物质生活需要,也能满足精神层次的自我价值实现的需要,只要评审标准和程序设计得公平合理,就可以极大地激发教师的自我驱动力,实现职称的激励作用,这也是职称改革的目标所在。

第四节 地方高校教师职称制度改革

一、地方高校教师职称制度改革的起点

2017 年 1 月,中共中央办公厅、国务院办公厅印发了《关于深化职称制度改革的意见》,通过 5 年努力,基本形成设置合理、评价科学、管理规范、运转协调、服务全面的职称制度。一是完善职称系列,保持现有职称系列总体稳定,探索在新兴职业领域增设职称系列,职称系列可根据专业领域设置相应专业类别,未设置正高级职称的职称系列均设置到正高级。二是评价标准的变化,重点考察专业技术人才的职业道德,突出对创新能力的评价,合理设置职称评审中的论文和科研成果条件,对职称外语和计算机应用能力考试不做统一要求,畅通专业技术人才职称申报渠道。三是加强职称评审监督,严肃评审纪律,建立倒查追责机制,实行政策公开、标准公开、程序公开、结果公开,发挥用人主体在职称评审中的主导作用,科学界定、合理下放职称评审权限。

截至 2021 年底,历经 5 年,职称制度改革重点任务已完成,27 个职称系

列的改革指导意见已全部出台(见表3-3)。

表3-3　27个职称系列改革指导意见一览表

序号	时间	发布单位	发文字号	标题	职称名称
1	2015.08	人社部教育部	人社部发〔2015〕79号	关于深化中小学教师职称制度改革的指导意见	三级教师、二级教师、一级教师、高级教师、正高级教师
2	2017.11	人社部	人社部发〔2017〕90号	关于深化技工院校教师职称制度改革的指导意见	助理讲师、讲师、高级讲师、正高级讲师;三级实习指导教师、二级实习指导教师、一级实习指导教师、高级实习指导教师、正高级实习指导教师
3	2019.01	人社部财政部	人社部发〔2019〕8号	关于深化会计人员职称制度改革的指导意见	助理会计师、会计师、高级会计师、正高级会计师
4	2019.02	人社部工信部	人社部发〔2019〕16号	关于深化工程技术人才职称制度改革的指导意见	技术员、助理工程师、工程师、高级工程师、正高级工程师
5	2019.02	人社部民航局	人社部发〔2019〕19号	关于深化民用航空飞行技术人员职称制度改革的指导意见	三级飞行员、二级飞行员、一级飞行员、正高级飞行员
6	2019.04	人社部科技部	人社部发〔2019〕40号	关于深化自然科学研究人员职称制度改革的指导意见	研究实习员、助理研究员、副研究员、研究员
7	2019.06	人社部	人社部发〔2019〕53号	关于深化经济专业人员职称制度改革的指导意见	助理经济师、经济师、高级经济师、正高级经济师;助理人力资源管理师、人力资源管理师、高级人力资源管理师、正高级人力资源管理师;助理知识产权师、知识产权师、高级知识产权师、正高级知识产权师
8	2019.09	人社部教育部	人社部发〔2019〕89号	关于深化中等职业学校教师职称制度改革的指导意见	助理讲师、讲师、高级讲师、正高级讲师;三级实习指导教师、二级实习指导教师、一级实习指导教师、高级实习指导教师、正高级实习指导教师
9	2019.10	人社部社科院	人社部发〔2019〕109号	关于深化哲学社会科学研究人员职称制度改革的指导意见	研究实习员、助理研究员、副研究员、研究员

续表

序号	时间	发布单位	发文字号	标题	职称名称
10	2019.10	人社部外文局	人社部发〔2019〕110号	关于深化翻译专业人员职称制度改革的指导意见	三级翻译、二级翻译、一级翻译、译审
11	2019.10	人社部农业农村部	人社部发〔2019〕114号	关于深化农业技术人员职称制度改革的指导意见	农业技术员、助理农艺师(助理畜牧师、助理兽医师)、农艺师(畜牧师、兽医师)、高级农艺师(高级畜牧师、高级兽医师)、正高级农艺师(正高级畜牧师、正高级兽医师);农业技术推广研究员(正高级)
12	2019.11	人社部文物局	人社部发〔2019〕122号	关于深化文物博物专业人员职称制度改革的指导意见	助理馆员、馆员、副研究馆员、研究馆员
13	2020.03	人社部统计局	人社部发〔2020〕16号	关于深化统计专业人员职称制度改革的指导意见	助理统计师、统计师、高级统计师、正高级统计师
14	2020.04	人社部档案局	人社部发〔2020〕20号	关于深化档案专业人员职称制度改革的指导意见	管理员、助理馆员、馆员、副研究馆员、研究馆员
15	2020.07	人社部交通运输部	人社部发〔2020〕54号	关于深化船舶专业技术人员职称制度改革的指导意见	驾驶员(轮机员、船舶电子员、引航员)、助理驾驶员(助理轮机员、助理船舶电子员、助理引航员)、中级驾驶员(中级轮机员、中级船舶电子员、中级引航员)、高级船长(高级轮机长、高级船舶电子员、高级引航员)和正高级船长(正高级轮机长、正高级船舶电子员、正高级引航员)
16	2020.09	人社部文旅部	人社部发〔2020〕68号	关于深化艺术专业人员职称制度改革的指导意见	四级、三级、二级、一级(演员、指挥、美术师等)
17	2020.10	人社部体育总局	人社部发〔2020〕76号	关于深化体育专业人员职称制度改革的指导意见	初级教练、中级教练、高级教练、国家级教练;初级运动防护师、中级运动防护师、高级运动防护师、正高级运动防护师
18	2020.11	人社部审计署	人社部发〔2020〕84号	关于深化审计专业人员职称制度改革的指导意见	助理审计师、审计师、高级审计师、正高级审计师
19	2020.12	人社部教育部	人社部发〔2020〕100号	关于深化高等学校教师职称制度改革的指导意见	助教、讲师、副教授、教授

序号	时间	发布单位	发文字号	标题	职称名称
20	2021.01	人社部 广电 总局	人社部发〔2021〕9 号	关于深化播音主持专业人员职称制度改革的指导意见	二级播音员主持人、一级播音员主持人、主任播音员主持人、播音指导
21	2021.01	人社部 新闻 出版署	人社部发〔2021〕10 号	关于深化出版专业技术人员职称制度改革的指导意见	助理编辑、编辑、副编审、编审
22	2021.02	人社部 工信部	人社部发〔2021〕15 号	关于深化工艺美术专业人员职称制度改革的指导意见	工艺美术员、助理工艺美术师、工艺美术师、高级工艺美术师、正高级工艺美术师
23	2021.06	人社部 文旅部	人社部发〔2021〕42 号	关于深化图书资料专业人员职称制度改革的指导意见	管理员、助理馆员、馆员、副研究馆员、研究馆员
24	2021.06	人社部 新闻 出版署	人社部发〔2021〕50 号	关于深化新闻专业技术人员职称制度改革的指导意见	助理记者、记者、主任记者、高级记者;助理编辑、编辑、主任编辑、高级编辑
25	2021.06	人社部 卫健委 中医 药局	人社部发〔2021〕51 号	关于深化卫生专业技术人员职称制度改革的指导意见	医士、医师、主治(主管)医师、副主任医师、主任医师;药士、药师、主管药师、副主任药师、主任药师;护士、护师、主管护师、副主任护师、主任护师;技士、技师、主管技师、副主任技师、主任技师
26	2021.07	人社部 司法部	人社部发〔2021〕59 号	关于深化公共法律服务专业人员职称制度改革的指导意见	四级公证员、三级公证员、二级公证员、一级公证员;初级司法鉴定人、中级司法鉴定人、副高级司法鉴定人、正高级司法鉴定人;法医师、主检法医师、副主任法医师、主任法医师
27	2021.08	人社部 教育部	人社部发〔2021〕62 号	关于深化实验技术人才职称制度改革的指导意见	实验员、助理实验师、实验师、高级实验师、正高级实验师

这 27 个系列文件的陆续出台,标志着我国首次对实施多年的职称制度进行了全面、系统的改革,旨在建立科学、客观、公正的评价制度。新的系列职称制度增设了工程、经济、会计等 11 个系列的正高级职称,健全了职称制度体系,完善了评价标准,创新了评价机制,着重解决了评价标准不合理、"一刀切"等问题。新一轮职称制度调整的内容主要包括以下几个方面:

（1）细分工程、农业等系列的职称评审专业，以满足不同行业和领域的需求；
（2）新兴职业不断纳入职称评价范围，新增动漫游戏、运动防护师、快递工程等 13 个评审专业，以适应时代发展的需要；（3）针对不同行业的特点，实行考试、评审、考评结合、面试答辩、实践操作等多元化评价方式，如审计、会计等行业实行"以考代评"和"考评结合"的方式，以提高评价的专业性和公正性；
（4）探索研究人员的代表作评价制度，以合理评估其学术水平和贡献；（5）对特殊人才建立评审绿色通道。这些改革措施旨在推动我国职称制度更加科学化、规范化，为人才评价提供更加准确和公正的依据，促进人才队伍的优化和发展。

二、地方高校教师职称制度改革的重点

《关于深化高等教育领域简政放权放管结合优化服务改革的若干意见》提出，改进高校教师职称评审机制，改革的重点在以下两点。

（1）下放高校教师职称评审权。高校自主制定本校教师职称评审办法和操作方案，有关职称评审办法、操作方案报教育、人力资源和社会保障部门及高校主管部门备案。将高校教师职称评审权直接下放至高校，由高校自主组织职称评审、自主评价、按岗聘用。条件不具备、尚不能独立组织评审的高校，可采取联合评审的方式。教育、人力资源和社会保障等部门要加强监管，对高校职称评审工作进行抽查，对因把关不严、程序不规范，造成投诉较多、争议较大的高校，要给予警告、责令整改；对违法违纪的责任人员，按照国家规定给予处理。

（2）改进教师职称评审方法，推行代表性成果评价。高校要将师德表现作为评聘的首要条件，提高教学业绩在评聘中的比重。针对不同类型、不同层次的教师，按照哲学社会科学、自然科学等不同学科领域，基础研究、应用研究等不同研究类型，建立分类评价标准。完善同行专家的评价机制，建立以"代表性成果"和实际贡献为主要内容的评价方式。

教育部、人社部联合印发了《高校教师职称评审监管暂行办法》，对职称评审权下放后，高校在职称评审文件制定、文件备案、自主评审、工作年报以及档案保存等具体工作的操作提出要求，明确监管的内容、监管的方式及惩处措施。政府将高校教师职称评审权下放至高校，是进一步落实高等学校

办学自主权的重要举措,也是深入推进高等教育领域"放管服"改革的根本要求。这一举措旨在增强高校办学的自主性和灵活性,激发高校内部的创新活力,提高教育教学质量和人才培养水平。同时,加强行政部门监管也是必要的,有利于规范高校职称评审工作,提高教育教学质量和人才培养水平,回归高等教育教书育人的本质。

自 2017 年开始的新一轮高校教师职称评审制度改革,核心在于评审权的下放。在实践方面,那些较早被授予教授、副教授评审权的高校,先行先试,在教师职称评审及监管等方面已积累了一定的经验,普通高校开展教师职称评审工作也已具备一定的工作基础,所以实际操作层面没有太多难度。高校拥有职称评审权后,可以根据自身的办学特色和实际情况,制定更加科学、合理、符合实际的评审标准和程序,更好地发挥高校在职称评审中的主导作用。同时,也能够促进高校内部的自我管理、自我约束和自我发展,提升高校的自主性和创新能力。在行政部门监管方面,政府加强对高校职称评审工作的指导和监督,建立健全相关制度和规范,确保评审工作的公正、公平、公开。

总之,政府将高校教师职称评审权下放至高校,是推进高等教育治理能力现代化的重要举措。改革的难处在于先行先试的高校往往是学术水平较高的研究型大学,普通高校、地方高校的学术评价、行政管理模式与高水平、研究型大学有所区别。当普通高校也开始自主评审以后,如何合理制定评价标准便成了热点问题。

三、教育评价与"破五唯"的深化

1. 深化教师队伍建设改革的制度保障

2018 年 1 月,中共中央国务院印发了《关于全面深化新时代教师队伍建设改革的意见》,这是新中国成立以来出台的第一个专门面向教师队伍建设的里程碑式政策文件。意见指出,着力提升思想政治素质、全面加强师德师风建设、深化教师管理综合改革、切实理顺体制机制,不断提高地位待遇,等等,系统阐述了全面深化教师队伍建设的战略意义、指导思想、基本原则,涉及师资配备、人事管理、编制管理、招聘制度、岗位设置、职称评审等教师管理综合改革的方方面面,对新时代教师队伍建设提出了新要求、新任务,并指明了工作目标、重点以及落实的新路径,鸣响了新时代教师队伍建设的号角。

2018年6月至12月,各省份陆续出台省属关于全面深化新时代教师队伍建设改革的实施意见(见表3-4),深入贯彻落实全面加强教师队伍建设政策精神。

表3-4　各省份落实《关于全面深化新时代教师队伍建设改革的意见》情况一览表

序号	省份	时间	文件名称
1	安徽	2018年6月28日	中共安徽省委安徽省人民政府关于全面深化新时代教师队伍建设改革的实施意见
2	辽宁	2018年7月26日	中共辽宁省委辽宁省人民政府关于全面深化新时代教师队伍建设改革的实施意见
3	上海	2018年7月30日	中共上海市委上海市人民政府关于全面深化新时代教师队伍建设改革的实施意见
4	广西	2018年7月30日	中共广西壮族自治区委员会广西壮族自治区人民政府关于全面深化新时代教师队伍建设改革的实施意见
5	青海	2018年7月31日	中共青海省委青海省人民政府关于全面深化新时代教师队伍建设改革的实施意见
6	江西	2018年8月7日	中共江西省委江西省人民政府关于全面深化新时代教师队伍建设改革的实施意见
7	浙江	2018年8月11日	中共浙江省委浙江省人民政府关于全面深化新时代教师队伍建设改革的实施意见
8	广东	2018年8月26日	中共广东省委广东省人民政府关于全面深化新时代教师队伍建设改革的实施意见
9	云南	2018年8月26日	中共云南省委云南省人民政府关于深化新时代中小学教师队伍建设改革的实施意见
10	黑龙江	2018年8月27日	中共黑龙江省委黑龙江省人民政府关于全面深化新时代教师队伍建设改革的实施意见
11	甘肃	2018年9月3日	中共甘肃省委甘肃省人民政府关于全面深化新时代教师队伍建设改革的实施意见
12	吉林	2018年9月5日	中共吉林省委吉林省人民政府关于全面深化新时代教师队伍建设改革的实施意见
13	河北	2018年9月6日	中共河北省委河北省人民政府关于全面深化新时代教师队伍建设改革的实施意见

续表

序号	省份	时间	文件名称
14	北京	2018 年 9 月 7 日	中共北京市委北京市人民政府关于全面深化新时代教师队伍建设改革的实施意见
15	海南	2018 年 9 月 7 日	中共海南省委海南省人民政府关于全面深化新时代教师队伍建设改革的实施意见
16	山西	2018 年 9 月 8 日	中共山西省委山西省人民政府关于全面深化新时代教师队伍建设改革的实施意见
17	内蒙古	2018 年 9 月 8 日	中共内蒙古自治区委员会内蒙古自治区人民政府关于全面深化新时代教师队伍建设改革的实施意见
18	重庆	2018 年 9 月 8 日	中共重庆市委重庆市人民政府关于全面深化新时代教师队伍建设改革的实施意见
19	四川	2018 年 9 月 8 日	中共四川省委四川省人民政府关于全面深化新时代教师队伍建设改革的实施意见
20	福建	2018 年 9 月 10 日	中共福建省委福建省人民政府关于全面深化新时代教师队伍建设改革的实施意见
21	湖北	2018 年 9 月 19 日	中共湖北省委湖北省人民政府关于全面深化新时代教师队伍建设改革的实施意见
22	新疆	2018 年 10 月 8 日	中共新疆维吾尔自治区委员会新疆维吾尔自治区人民政府关于全面深化新时代教师队伍建设改革的实施意见
23	宁夏	2018 年 10 月 9 日	中共宁夏回族自治区委员会宁夏回族自治区人民政府关于全面深化新时代教师队伍建设改革的实施意见
24	兵团	2018 年 11 月 1 日	中共兵团党委兵团关于全面深化新时代教师队伍建设改革的实施意见
25	山东	2018 年 11 月 19 日	中共山东省委山东省人民政府关于全面深化新时代全省教师队伍建设改革的实施意见
26	贵州	2018 年 12 月 12 日	中共贵州省委贵州省人民政府关于全面深化新时代教师队伍建设改革的实施意见
27	江苏	2018 年 12 月 27 日	中共江苏省委江苏省人民政府关于全面深化新时代教师队伍建设改革的实施意见

各省份均予以充分重视,提出相应的改革意见。例如,黑龙江省在教师队伍建设上提出了 4 个方面、20 项改革任务,将以思想政治建设为统领,实施"师德师风建设工程";以振兴教师教育为根本,实施"教师质量提升工程";以深化综合改革为突破,理顺教师管理体制机制;以提高教师待遇为抓

手,全面提升教师社会地位。2018年教师节当天,上海市委、市政府出台《关于全面深化新时代教师队伍建设改革的实施意见》,立足落实立德树人根本任务,就师德师风建设、提升专业素质能力、完善管理体制机制、提高教师地位待遇等提出要求,做出部署。

江苏省作为全国教育大省,提出明确新时代教师队伍建设改革的主要目标:经过5年左右的努力,教师培养培训体系基本健全,职业发展通道比较畅通,事权、人权、财权相统一的教师管理体制普遍建立,待遇提升保障机制更加完善,教师职业吸引力明显增强,教师队伍总体上师德高尚、业务精湛、结构合理、充满活力。到2035年,教师队伍发展总体水平达到发达国家水平,培养造就一批有影响力的教育家型名教师、名校长、名专家,教育系统成为集聚一流人才的高地。为推进新时代教师队伍建设改革,提出6项22条重点任务,每一项任务均落实到具体责任单位。其中,关于高校职称评审制度,提出要完善高校职称制度,突出教育教学业绩和师德考核,实行代表性成果评价,改变片面将论文、专利、项目、经费数量以及国外访学经历等与职称评聘挂钩的做法,始终将教授为本科生上课作为基本制度。高校要在核定的岗位结构比例内开展职称评聘,其中国家级高层次人才和达到国家法定退休年龄延退的高级专家,可按规定设置特设岗位,不占岗位职数。省教育、人力资源和社会保障等部门要加强高校职称评聘事中事后监管和服务。

2. 人才评价方面的改革

2018年2月,中共中央办公厅、国务院办公厅印发《关于分类推进人才评价机制改革的指导意见》,旨在改革完善人才评价标准方面的具体举措,按照"干什么、评什么"的原则,提出三项重点改革举措:一是实行分类评价。以职业属性和岗位要求为基础,分类建立健全涵盖品德、知识、能力、业绩和贡献等要素,科学合理、各有侧重的人才评价标准。二是突出品德评价。坚持德才兼备,加强对科学精神、职业道德和从业操守等评价考核,完善人才评价诚信体系。三是注重凭能力、实绩和贡献评价人才。克服唯学历、唯资历、唯论文等倾向,合理设置和使用论文等评价指标,解决评价标准"一刀切"的问题,对不同人才实行差别化评价[①]。

① 中共中央办公厅,国务院办公厅.关于分类推进人才评价机制改革的指导意见[EB/OL].(2018-02-26)[2022-10-30].https://www.gov.cn/gongbao/content/2018/content_5271732.htm.

其中,对于高校教师的评价,提出要注重对师德师风、教育教学、科学研究、社会服务、专业发展的综合评价;坚持分类指导和分层次评价相结合,根据不同类型高校、不同岗位教师的职责特点,分类分层次分学科设置评价内容和评价方式;突出教育教学业绩评价,将人才培养中心任务落到实处,要求所有教师都必须承担教育教学工作,建立健全教学工作量评价标准,落实教授为本专科生授课制度,加强教学质量和课堂教学纪律考核。这也成为高校职称评审制度改革中的重中之重。

2018 年 7 月,中共中央办公厅、国务院办公厅印发《关于深化项目评审、人才评价、机构评估改革的意见》。"三评"改革是推进科技评价制度改革的重要举措,意见从进一步优化科研项目评审管理机制、改进科技人才评价方式、完善科研机构评估制度、加强监督评估和科研诚信体系建设、加强组织实施确保政策措施落地见效等五个方面提出具体要求。意见聚焦"三评"工作中存在的突出问题,从破除体制机制障碍入手,找准突破口,更加注重质量、贡献、绩效,树立正确评价导向,增强针对性,突出实招硬招,提高改革的含金量和实效性。针对自然科学、哲学社会科学、军事科学等不同学科门类的特点,建立分类评价指标体系和评价程序规范。推行同行评价,引入国际评价,进一步提高科技评价活动的公开性和开放性,保证评价工作的独立性和公正性,确保评价结果的科学性和客观性[①]。

在高校的职称评审中,科研和评价历来是关注的焦点,两份意见的出台,对于如何进行评价,具有一定的导向作用,也为后续的教育评价改革指明了方向。

3. 教育评价方面的改革

2020 年 10 月,中共中央国务院印发了《深化新时代教育评价改革总体方案》,教育评价事关教育发展方向,也是新中国第一个关于教育评价系统性改革的文件。方案的基本定位和考虑是坚持以立德树人为主线,以破"五唯"为导向,以五类主体为抓手,着力做到政策系统集成、举措破立结合、改革协同推进。围绕党委和政府、学校、教师、学生、社会五类主体,坚持破立结合,重点设计了五个方面 22 项改革任务。

---

① 中共中央办公厅,国务院办公厅. 关于深化项目评审、人才评价、机构评估改革的意见[EB/OL].(2018 - 07 - 03)[2022 - 10 - 20]. https://www. gov. cn/gongbao/content/2018/content_5306814. htm.

针对高校的科研评价"唯论文""重数量、轻质量"等突出问题,为引导树立科研评价的质量和贡献导向,《深化新时代教育评价改革总体方案》在改进高校教师科研评价和高等学校评价中分别进行了政策设计:一是突出质量导向。教师科研重点评价学术贡献、社会贡献以及支撑人才培养情况,不得将论文数、项目数、课题经费等科研量化指标与绩效工资分配、奖励挂钩。二是实施分类评价。根据不同学科、不同岗位特点,坚持分类评价,推行代表性成果评价,探索长周期评价,完善同行专家评议机制,注重个人评价与团队评价相结合。探索国防科技等特殊领域教师科研专门评价办法。对取得重大理论创新成果、前沿技术突破、解决重大工程技术难题、在经济社会事业发展中做出重大贡献的,申报高级职称时论文可不做限制性要求。三是改进高校学科评估。强化人才培养中心地位,淡化论文收录数、引用率、奖项数等数量指标,突出学科特色、质量和贡献。

针对人才评价中的"唯帽子"问题,树立以品德、能力、业绩为导向的人才评价标准,方案提出了 5 条具体举措:一是切实精简人才"帽子",优化整合涉教育领域各类人才计划。二是改进学科评估,纠正片面以学术头衔评价学术水平的做法,教师成果严格按署名单位认定、不随人走。三是不得把人才称号作为承担科研项目、职称评聘、评优评奖、学位点申报的限制性条件,有关申报书不得设置填写人才称号栏目。四是依据实际贡献合理确定人才薪酬,不将人才称号与物质利益简单挂钩。五是鼓励中西部、东北地区高校"长江学者"等人才称号入选者与学校签订长期服务合同,为实施国家和区域发展战略贡献力量[①]。

四、高校教师职称制度改革的深化

2020 年 12 月,教育部等六部门联合印发《关于加强新时代高校教师队伍建设改革的指导意见》。意见重在完善现代高校教师管理制度,具体为完善高校教师聘用机制、加快高校教师编制岗位管理改革、强化高校教师教育教学管理、推进高校教师职称制度改革、深化高校教师考核评价制度改革等

---

① 中共中央,国务院. 深化新时代教育评价改革总体方案[EB/OL]. (2020-10-13)[2022-09-10]. https://www.gov.cn/gongbao/content/2020/content_5554488.htm.

方面。其中,提出推进高校教师职称制度改革:研究出台高校教师职称制度改革的指导意见,将职称评审权直接下放至高校,由高校自主评审、按岗聘任。完善教师职称评审标准,根据不同学科、不同岗位特点,分类设置评价指标,确定评审办法。不把出国(境)学习经历、专利数量和对论文的索引、收录、引用等指标要求作为限制性条件。完善同行专家评价机制,推行代表性成果评价。对承担国防和关键核心技术攻关任务的教师,探索引入贡献评价机制。完善职称评审程序,持续做好高校教师职称评审监管。

深化高校教师考核评价制度改革。突出质量导向,注重凭能力、实绩和贡献评价教师,坚决扭转轻教学、轻育人等倾向,克服"唯论文、唯帽子、唯职称、唯学历、唯奖项"等弊病。规范高等学校 SCI 等论文相关指标的使用,避免 SCI、SSCI、A&HCI、CSSCI 等引文数据使用的绝对化,坚决摒弃"以刊评文",破除论文"SCI 至上"。合理设置考核评价周期,探索长周期评价。注重个体评价与团队评价相结合。建立考核评价结果分级反馈机制。建立院校评估、本科教学评估、学科评估和教师评价政策联动机制,优化、调整制约和影响教师考核评价政策落实的评价指标①。

《关于深化高等学校教师职称制度改革的指导意见》,对深化高校教师职称制度改革、分类推进职称制度改革、建设高素质专业化创新型教师队伍做出了部署。该文件的出台历时 3 年左右,人社部自 2018 年起,对我国东、中、西部省份高校教师职称评审工作进行了广泛调研,书面调研了北京、上海、湖北、陕西等13个省市 800 余所高校教师职称评价标准,通过座谈会、问卷调查、深度访谈等方式充分了解意见、建议;后通过专家座谈、实地调研、发文征求意见等多种方式,广泛征求了部分高校、教师、专家等的意见,经过反复修改完善,形成了最后的征求意见稿,正式征求了各地有关部门和高校等的意见,并通过网络公开征求意见,多次召开座谈会、书面征求 200 所地方不同类型、不同层次高校的意见,再次修改完善后,于 2020 年底正式出台。《关于深化高等学校教师职称制度改革的指导意见》坚持问题导向、目标导向,围绕高校教师职称评审重难点问题,有针对性地提出改革举措,以品德、能力和业绩为导向,构建评价科学、规范有序、竞争择优的高校教师职称制

---

① 教育部等六部门. 关于加强新时代高校教师队伍建设改革的指导意见[EB/OL]. (2020-12-24)[2022-12-01]. http://www.moe.gov.cn/srcsite/A10/s7151/202101/t20210108_509152.html.

度,其主要的改革举措有:

(1)完善评价标准,强化师德和教育教学要求。进一步明确评价导向,强调严把思想政治和师德师风考核,将师德表现作为教师职称评审的首要条件,注重对履责绩效、创新成果、人才培养实际贡献的评价,强化教师思想政治工作要求,把课程思政建设情况和育人效果作为评价的重要内容,突出教育教学能力和业绩,把认真履行教育教学职责作为评价教师的基本要求,提高教学业绩和教学研究在评审中的比重。

(2)突出质量导向,推行代表性成果评价。吸取近年来高校教师职称工作的成果、经验,不以 SCI、SSCI 等论文相关指标作为前置条件和判断的直接依据,高校结合实际建立各学科高水平期刊目录和高水平学术会议目录。结合学科特点,探索项目报告、技术报告、学术会议报告、教学成果、著作、论文、标准规范、创作作品等多种成果形式,将高水平成果作为代表性成果。突出评价代表性成果质量、原创价值和对社会发展的实际贡献以及支撑人才培养情况。结合学校特点和办学类型,针对不同类型、不同层次教师,实行分类分层评价,鼓励采取个人述职、面试答辩、同行评议、实践操作、业绩展示等多种灵活评价方式,完善同行专家评议机制,健全完善外部专家评审制度,探索引入第三方机构进行独立评价。给内、外部评审专家预留充足时间进行评鉴,引导评审专家负责任地提供客观公正的专业评议意见,严格规范专家评审行为,提高职称评价的科学性、专业性、针对性。

(3)实行分类评价,建立重点人才绿色通道。按照教学为主型、教学科研型等岗位类型,不同学科领域、不同研究类型、不同专业门类,建立分类分层评价标准,有针对性地评价不同类别教师的实绩、贡献,避免"一把尺子量到底",让各类人才都能脱颖而出。建立重点人才绿色通道,尊重人才个性化和多样化特点,对取得重大基础研究和前沿技术突破、解决重大工程技术难题、在经济社会事业发展中做出重大贡献的教师以及招聘引进的高层次人才和急需紧缺人才等,在严把质量和程序的前提下,可制定较为灵活的评价标准,畅通人才发展通道。

(4)深化"放管服"改革。贯彻"放管服"改革精神,重申高校教师职称评审权直接下放至高校,自主制定教师职称评审办法、操作方案等评审文件,自主组织评审、按岗聘用,主体责任由高校承担。同时,加强对高校教师职称评审工作的监管,开展业务指导,优化服务①。

至此,地方高校取得职称评审权后,重点改革方向有了较为明晰的定位,地方高校的评审制度将围绕师德评价、代表性成果评价、分类评价、教学与科研的关系等展开新的探索。

---

① 人力资源社会保障部,教育部. 关于深化高等学校教师职称制度改革的指导意见[EB/OL].(2020-12-31)[2022-10-20]. http://www. mohrss. gov. cn/xxgk2020/fdzdgknr/zcfg/gfxwj/rcrs/202101/t20210127_408522. html.

第四章

基于政策文本的地方本科院校职称评审制度分析

本章的制度样本主要来源于江苏省地方本科院校,不包含高职类院校。选取了八所本科院校的职称评审文件进行样本分析,以了解地方本科院校获得职称评审权后的具体实施情况。

第一节 样本选取简介

一、江苏省高等院校简况

江苏省的高等教育从质量、数量和规模上,都处于全国领先水平。近十年来,江苏省普通高校数量由 153 所增至 168 所,居全国第一(详见 2012—2021 年江苏省普通高等学校数统计图),其中本科层次高等学校 78 所(部委属 10 所、省属 33 所、市属 7 所、民办 26 所、中外合作办学 2 所),专科层次高等学校 90 所(省属 41 所、市县属 26 所、民办 22 所、中外合作办学 1 所)。高校专业总数由 2 500 个增加至 4 000 余个,总体规模扩大 60%。

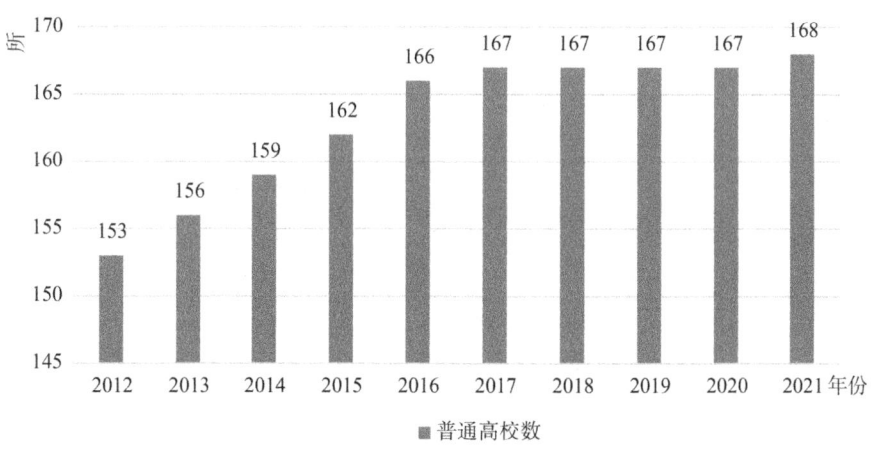

图 4-1 2012—2021 年江苏省普通高等学校数统计图

根据江苏省教育厅统计数据,截至 2020 年 12 月,江苏省普通高校教职工总数 18.08 万人,专任教师数 12.6 万人,专任教师比例达 70%,专任教师中正高级职称人员 1.85 万人、副高级职称人员 4.4 万人、中级职称人员

4.9万人、初级及以下职称人员 1.45 万人(各职级教师所占比例如图 4-2 所示)。

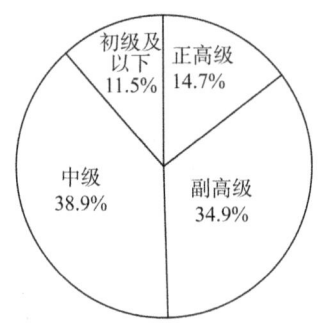

图 4-2 专任教师中各职级教师比例

2021 年 2 月 5 日,江苏省出台《江苏高水平大学建设方案(2021—2025 年)》,启动实施"江苏高水平大学建设高峰计划"。旨在构建具有江苏特点、中国特色、世界一流的高水平大学建设体系,为江苏切实担负起"争当表率、争做示范、走在前列"的重大使命提供强有力的人才支撑、智力支撑和创新支撑。2021 年 10 月,江苏高水平大学建设领导小组发布"江苏高水平大学建设高峰计划"建设高校名单,17 所高校入选,分别是:

1. A 类建设高校(共 10 所)

苏州大学、南京工业大学、南京邮电大学、南京林业大学、江苏大学、南京信息工程大学、南京医科大学、南京中医药大学、南京师范大学、扬州大学。

2. B 类建设高校(共 7 所)

江苏科技大学、常州大学、南通大学、徐州医科大学、江苏师范大学、南京财经大学、南京艺术学院。2022 年 10 月 9 日,增补南京审计大学进入"高峰计划"B 类建设高校行列。

启动实施新一轮高水平大学建设是江苏省大力实施创新驱动发展核心战略、科教与人才强省战略的重要举措。本书选取的八所地方本科院校分别来源于"高峰计划"A 类建设高校(3 所,标为 A01、A02、A03)、"高峰计划"B 类建设高校(3 所,标为 B01、B02、B03)、普通本科高校(2 所,标为 C01、C02),基本覆盖了省内地方本科高校的几种类型。

在教育评价改革、职称评审制度改革方面,江苏省先后发布了《深化职称制度改革的总体方案》《关于深化职称制度改革的实施意见》《江苏省职称评审管理办法(试行)》《深化新时代教育评价改革实施方案》等一系列改革文件,形成"1＋2＋N"的评价政策体系,健全高校分类评价机制,对不同类型的高校采用不同评价标准,引导高校科学定位,办出特色和水平。

江苏省自 2017 年开始下放本科院校教师系列职称评审权,2019 年下放高职高专院校教师系列职称评审权。职称评审权下放后,各高校负责制定本校的职称评审文件并组织实施,进行自主评审、自主聘任、自主发证,按规定将职称评审标准、评审专家人员信息、评审结果等上报江苏省教育厅备案。同时,江苏省人社厅、教育厅印发了《关于进一步规范高校"双肩挑"人员和职称评审监管制度的实施意见》《关于开展全省高校教师职称评聘检查评估工作的通知》等,定期对高校教师职称评审工作进行检查评估,如是否符合国家和我省职称政策以及职称制度改革要求,评审程序是否规范健全,评审过程是否公开、公平、公正等,在学校自查自纠的基础上,组织专家进行实地检查。实地检查采取现场听取专项工作汇报、查验工作台账和随机抽取本校评委会专家、教师代表座谈交流等方式,对职称评聘工作进行综合评估,适时进行经验与创新工作总结,并对存在的突出问题进行通报,要求整改。

江苏省高校教师的职称评审权下放后,地方高校有充分的评审自主权,人社厅、教育厅主要负责程序上的备案、综合评估、监督检查和指导优化,保证职称评审改革工作的顺利运行。

二、部分样本高校的职称改革情况简介

1. A01 大学的职称评审改革简介

作为具有博士、硕士学位授予权单位,高水平应用型大学的代表,A01 大学创新了人才评价激励制度,将侧重文献计量的量化评价转变为"社会贡献＋学术创新＋协同创新"的综合评价,引导教师把论文写在车间里、装置上、产品中。

A01 大学关于职称评审的改革重点:(1)人才评价重多元。选才用才"量体裁衣",开设直评、破格、特别推荐等职称申报通道。实施分类管理,设

置教学为主型、教学科研型、科研为主型以及社会服务型四种岗位类型,其中社会服务型主要考察横向课题的社会经济效益,打破了重"纵向"、轻"横向"的局限,为致力科技成果转化的教师提供了职称晋升通道。近三年,学校新晋升社会服务型教授、副教授26人。(2)成果评价求实效。在教学成果评价中,强调科产赋能、实战导向,鼓励培养急需紧缺的双创人才。在科研成果评价中,提高社会发展贡献值的比重,强化市场化评价,加快科研成果从"样品"到"产品"再到"商品"的转化。学校大力推进科技成果转化"三权改革",提出先确权后转化模式,鼓励科研团队成为企业的柔性科创团队。将成果作价入股企业的,则技术所占股份的90%归发明人;以转让或许可方式进行转化的,则净收入的70%奖励给完成人,有效激发"第一资源"的创新内驱力。

2. C01学院的职称评审改革简介

C01学院是以本科生教育为主的普通地方高校。学校以人事制度系统性改革为切入点,从完善机制体制入手,从岗位设置、岗位聘用、绩效工资、职称制度改革等方面切实推进人事制度改革,构建校院二级管理体制。改革后的做法与以往的做法有较大差别,职称评审制度根据不同学科领域、不同岗位类型,分别设立不同的评审条件;绩效分配上与教学、科研成果等工作业绩挂钩,向关键岗位、高层次人才、业务骨干和做出突出成绩的人员倾斜。

C01学院关于职称评审制度改革的重点:(1)突出师德为先,将师德摆在教师评价的首位,贯穿于教育教学、科学研究和社会服务的全过程,倡导科学精神,强化社会责任,坚守道德底线,实行师德失范、学术不端"一票否决制"。(2)突出能力业绩,严格教育教学工作量考核和评价,提高教师教学业绩在职称评价中的比重,充分调动教师从事教育教学工作的积极性,坚持服务社会发展需求和注重实际贡献的评价导向。鼓励原始创新和聚焦国家、省重大要求,引导教师主动服务创新驱动发展战略和地方经济社会发展,推进科教融合,提升人才培养质量。(3)突出社会贡献,突出社会效益和长远利益,综合评价教师参与学科建设、人才培训、科技推广、专家咨询和承担公共学术事务等方面的工作,鼓励教师积极参与技术创新和产品开发,大力促进教师开展科研成果转化工作。

在评价标准的制定上,体现出以下几点:(1)实行分类评价。根据国家、省对人才评价的总体要求,按照社会科学、自然科学、人文科学、艺术学科等不同学科领域,根据不同类型教师岗位特点设立教学型、科研型、教学科研并重型、社会服务型四种申报类型,并分别制定相应的科学合理的评价标准。(2)创新评价方式。建立以同行专家评审为基础的业内评价机制,对特殊人才通过特殊方式进行评价,采取个人述职、面试答辩、同行评议、实践操作、业绩展示等多种评价方式,提高职称评价的科学性、针对性。(3)完善评价标准。结合学科专业特点和岗位要求,制定不低于省定标准的要求,按照程序组织开展职称评审。对从国内外引进的高层次人才,根据本人实际水平、能力和业绩成果直接申报相应级别的职称资格。

针对职称评审制度改革和评价标准的变化,地方高校要兼顾学校整体发展目标、职称改革重点领域、教师个体发展、绩效分配与激励制度等全方位的平衡与稳定。职称评审作为教师关注度高且比较复杂的系统工程,改革不会一步到位。了解地方高校职称评审改革的现状、存在的问题,分析总结经验教训,才能促进改革顺利推进。

第二节　职称评审制度的文本分析

本节内容主要考察八所地方本科高校的职称评审制度,解析评价标准、评审流程等共性和个性特征,了解当前地方高校自主评审的现状。由于职称评审标准是学校自定范畴,很多高校不愿公开,本书根据研究内容选取相应的制度文本,不提供完整的职称评审制度文件。

高校教师的职称评审制度一般有评审类和管理类的规定。评审类规定是关于职称评审的标准,如学历学位条件、任职年限、业绩成果等要求,是高校教师申报职称的标准;管理类规定是关于职称评审工作方面的要求,如由谁组织、谁评价、评审的程序和时间安排等,是行政部门的操作规范。

一、评审标准

1.制定的依据

职称评审制度主要依据国家和省厅关于高校职称评审的系列文件规定,如中共中央办公厅、国务院办公厅印发的《关于深化职称制度改革的意见》,人力资源社会保障部、教育部印发的《关于深化高等学校教师职称制度改革的指导意见》,人力资源社会保障部印发的《职称评审管理暂行规定》,江苏省人社厅、教育厅印发的《关于聚力创新深化高校教师职称制度改革的指导意见》《关于下放本科院校教师职称评审权有关问题的通知》等,在国家标准、省定标准的基础上,根据学校教学科研工作与师资队伍建设的需要,结合学科专业特点、岗位要求、学校发展目标等校情而制定,每所学校都不一样。学校制定的标准须经省人社厅核准备案后,才可以组织实施。

纵观八所高校,就评价标准整体而言,一是学校自定的评价标准高于省定标准,二是评价标准的高低和学校所处的层次有较大的相关,如是否具有博士、硕士学位授予权,是否为"双一流"建设单位等,普通本科院校的评价标准明显低于"双一流"高校,下文会有详细列举。

2. 职称系列和评审权的适用范围

高校根据事业发展需要,设置相应的岗位与职称评审系列,一般有教师、实验技术、学生思想政治教育、教育管理研究、工程技术、图书资料、卫生、档案、出版、会计、审计等职称系列。

江苏省高校有职称评审权的范围为教师系列、实验技术系列、学生思想政治教育系列和教育管理研究系列的高级、中级、初级评审权;其他系列(工程技术、会计、审计、档案、图书资料等)的中级、初级评审权,其他系列的高级职称评审归口到相应的主管部门。

3. 职称评审与岗位聘任的关系

岗位设置是职称评聘工作的前提,职称申报实行按岗申报、评聘结合的原则。目前,江苏省高校职称评聘实行"评聘合一"的模式,并未分离,但在岗位聘任中存在"高职低聘"或"低职高聘"的现象。

4. 分类评价的模式

八所地方高校均实行了分类评价。根据工作岗位的不同,首先分为教师系列和教师外系列,教师系列是聘任在教师岗位上,承担教学和科研工作的人员,是高校职称评审的主体;教师外系列包括工程技术、会计、图书资料等系列的高级职称,需要获得学校推荐才可以向相关主管部门申报,所以学校内部也会制定相应的评价标准。本书主要研究教师系列的职称评审制度,分类评价主要体现在两个方面。

(1)不同学科评价标准不一。因高校教师涉及不同学科,学科之间各有特色,评价标准不能一概而论。职称评审中一般分为理工科类、人文社科类、思想政治类、实验类,其中人文社科类还细分为外语类、艺术学类、体育类等,这几类因学科差异评价标准有明显的区分。

(2)不同岗位评价标准不一。同一学科聘任的岗位也不一样,所以相同学科的岗位类型还细分为教学为主型、教学科研型、科研为主型、社会服务型四种类型,针对岗位特征制定了不同的评审标准,兼顾不同系列之间的平衡。

八所院校的职称评审制度,基本按照岗位和学科进行分类,并制定相应的评价标准。

二、评审组织及流程

八所院校的评审组织模式大体相似,基本形成了五层级的组织模式,代表了地方本科院校较为典型的五级组织:基层单位、职能部门、学科评议组、专业技术评审委员会及学校层面的职称工作领导小组。

(一)评审组织

(1)学校层面的职称工作领导小组。学校层面的职称工作领导小组负责统筹指导学校职称评聘工作,包括制定学校职称评聘实施办法、部署职称评聘工作,确定学校各类各级职称评聘指标,负责讨论并提出职称评聘过程中具体问题的解决方案。根据工作需要设立相关工作组或委员会,如职称评聘监督委员会,负责对职称评审工作的全程监督,受理职称评审过程中的举报;申诉委员会负责受理教职工在专业技术资格评审中的申诉,对申诉事项进行调查核实,监督申诉处理决定的执行;职称政策咨询工作小组,负责对教职工职称评审方面的疑难问题进行答复,并汇总相关意见建议提交学校讨论,等等。

总体而言,地方高校设立的职称工作领导小组全面负责本校的职称工作,具有领导和决策能力,统筹解决职称评审过程中出现的各类问题。一般由校长担任组长,成员由学校党政领导,教务、学生、科研和人事等职能部门的负责人组成。领导小组办公室一般设在人事部门,负责专业技术资格评审的日常事务及管理工作,根据工作需要设立具体职能性的工作小组。

（2）基层单位。申报人员所属的部门（单位），主要负责申报人员的资格审查和综合推荐，即审查申报人员是否符合申报条件，一般包含对教师的思想品德、教学质量、业务水平和工作业绩等进行初审和鉴定，以及组织民主测评，组织服务对象听取申报人员的述职报告并进行民主意见测评，考察其平时的工作表现、敬业精神、集体观念、团队合作能力等，进行综合评价和择优推荐。基层单位是职称评审工作的第一道把关人，用人单位最能全方位了解申报人员的德、能、勤、绩，应充分发挥出推荐作用。

（3）职能部门或职能工作组。职能部门主要负责各专项业务的审核，如对学历学位、教学工作量、教学评价、科研业绩等专项工作的审查，以及讨论各种疑难杂症。比如C01学院，学校成立思想品德考核领导小组，负责对全校申报专业技术职务人员进行思想品德考核；学校成立教学能力和质量考核领导小组，负责对全校申报教师专业技术职务人员进行教学能力和质量考核。同时，职能部门是校内相关业务的权威部门，与职称评审制度中相关政策的制定、解释和答复均相关，如A01大学在资格条件中对于教学工作量进行设定，教学为主岗、教学科研岗、科研为主岗中不同工作量的制定由教务处提供参考意见。

职称评审中，职能部门或职能工作组的工作量和参与度，因地方高校的校内信息化程度、工作程序的差别，相差较大。部分高校的信息化建设较好，职能部门的工作量较小；部分高校依旧是全程人工方式，职能部门的工作量较大。

（4）学科评议组。学科评议组按学科组建，可能是多个学科的合并，如理工组由机械工程、电气工程、土木工程等学科组成，文科组由经济、管理、中文等学科组成；也可能是单一的学科组，取决于学校规模、师资队伍结构、专家力量的强弱等，根据学校的实际情况进行组建。地方本科院校中，学科评议组一般设有学校和学院两个层级，学校学科评议组按学科大类设立，学院学科评议组以学院为单位组建。

学科评议组负责对所涉学科的申报人员进行推荐与评审，一般有等额和差额两种形式。等额评审不存在淘汰，差额评审即申报人数大于指标数，需要淘汰部分人选。采取等额还是差额取决于学科评议组的评审功能设置，如果将评审指标完全下放到学科评议组，充分发挥学科评议组在职称评审中的作用，由学科评议组决定晋升人员，则学科评议组享有较大的评审权力,采用差额评审;如果学科评议组只负责评价、推荐不负责评审,则采用等额评审。

(5)专业技术评审委员会。其负责对全校所有申报人员的教学科研能力、工作业绩和学科评议组的意见进行全面审议,对高校具有评审权的教师系列、学生思想政治教育系列、教育管理研究系列和实验技术职称系列申报人员进行最终的评审或审定;对不具有评审权的职称系列申报人员在学校确定的高级职称比例范围内择优推荐至相关主管部门。

专业技术评审委员会和学科评议组的成员均属于专家库成员,专家库的组成有详细的要求,包括职业道德、职称比例、年龄结构、校外同行专家比例等,如江苏省人社厅、教育厅规定:高校的评审专家库由评审委员库和学科评议组成员库两个子库组成,其成员可以在省内外的同行专家中遴选,校外专家均不得少于20%。评审委员库应当由在职的专家组成,人数一般在30人以上;学科评议组成员库应当由在职的相应学科专家组成,每个学科评议组成员库人数一般在10人以上。高级专业技术资格评审专家库专家中受聘正高级专业技术职务的人员不少于三分之二,中级专业技术资格评审专家库中受聘高级专业技术职务的人员不少于三分之二。评审专家库中45岁以下的专家应不少于三分之一。评审委员会任期为三年,专家库成员名单调整时,需上报人社厅备案。地方高校均遵循该规定,并在绝对数量和比例要求上有所提高。

(二)评审流程

地方高校的职称评审流程如图4-3所示,其中申报中级及以下职称无须进行校外同行专家鉴定,申报高级职称均需将代表性成果送校外同行专家鉴定。

基于地方高校的评审组织和流程,教师的职称评审进入闯关模式,基本形成五级模式:代表性成果送同行专家鉴定、基层单位的初审和推荐、职能部门的全面复审、学科评议组评议推荐、专业技术评审委员会评审,任何一个环节出现问题或不符合条件,都意味着闯关失败。每一个审查、评审环节都须公示,一般公示五个工作日,所以职称评审整个流程大约需要六个月左右的时间。

上述评审组织中对于资格审查、学科组评议和专业技术评审委员会已做

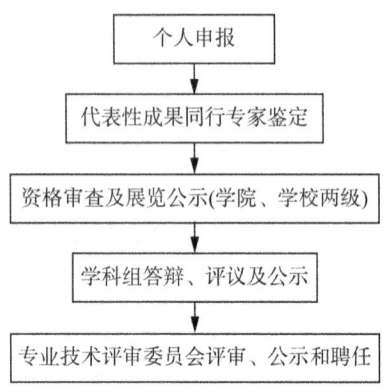

图 4-3　职称评审流程图

介绍,下面介绍职称评审中的重要环节——代表性成果同行专家鉴定环节。

代表性成果送校外同行专家鉴定是高校教师职称评审中的重要环节,同行专家评价意见是各级评审组织开展评审、推荐工作的重要依据,鉴定结果否定性意见对校内评审会有较大影响。通过调研发现,因为高校的职称评审权限于教师系列和管理系列,教师外系列的高级职称评审权归口行业主管部门,所以地方高校存在两种外审做法:一种是所有申报高级职称系列人员均需进行外审,包括高校教师系列(含实验技术、学生思想政治教育、教育管理研究)和教师外系列,如图书资料、档案、出版、会计、审计、卫生、工程技术等其他系列,认为学校负责教师外系列职称的推荐,应当与校内各类学科在程序上保持一致,评审流程一视同仁;另一种是只对申报高校教师系列人员进行外审,教师外系列人员不外审,因为教师外系列的相关评审文件中并无同行专家鉴定的要求,高校的推荐对于归口行业主管部门而言,类似同行专家鉴定合格,不应再多此一举,两种做法都有其合理的解释,无对错之分。

代表性成果送同行专家鉴定工作由学校统一组织,遵循保密和回避原则,一般回避本人毕业的学校以及本人申请回避的高校或专家,任何组织和个人不得指定送审的专家。

1. 同行专家鉴定的成果类型

在"破五唯"的改革指导意见下,理论上用于同行专家鉴定的成果可以为任现职当年以来的论文、著作、授权发明专利、项目报告、技术报告、学术会议报告、教学成果、标准规范、创作作品等多种高水平成果,但依然有地方高校同行专家鉴定成果规定为论文、论著,不包含其他成果。虽然国家和省厅已有指导意见,但在实际操作过程中,由于校情、政策的延续性等实际面临的复杂情况,每所学校改革的进程不太一样,要求也不一样。

从接收同行鉴定材料的学校来看,目前大多数高校教师送校外同行专家鉴定的代表性成果仍然以论文、论著为主,其他形式尚不多见,高校的鉴定专家也多以论文、论著评价为重,对其他形式的成果评价普遍不高。总之,在校外同行专家鉴定环节,传统的论文、论著安全系数较高,项目报告、技术报告、学术会议报告等形式的成果认可度并不高。

2. 同行专家鉴定的要求

与职称评审权下放之前相比,地方高校同行专家鉴定的要求有所提高,八所高校的执行情况如下:六所地方高校对正高级职称实行"三文五审",副高级职称实行"二文三审";两所地方高校对正高级职称实行传统的"三文三审",副高级职称实行"二文二审"。六所地方高校的同行专家在全国范围内任选,从地缘上避免过多人情因素的干扰,另外两所地方高校的同行专家以省内专家为主。以 A03 大学的同行专家鉴定要求为例(见表 4-1),"分类评价"标准在代表性成果的同行专家评价中已有体现。

表 4-1 A03 大学同行专家鉴定送审要求

系列	类型	等级	送审要求		
			送审代表性成果数量	送审专家数量	代表性成果类型要求
教师系列	教学为主型	正高	3 份	5 位	不少于 1 篇教研论文
		副高	2 份	3 位	不少于 1 篇教研论文
	教学科研型	正高	3 份	5 位	不少于 2 篇学术论文
		副高	2 份	3 位	不少于 1 篇学术论文
	科研为主型	正高	3 份	5 位	不少于 2 篇学术论文
		副高	2 份	3 位	不少于 1 篇学术论文
	社会服务型	正高	3 份	5 位	不少于 1 项横向科研成果经推广应用后的总结报告且累计科研经费符合一定条件
		副高	2 份	3 位	不少于 1 项横向科研成果经推广应用后的总结报告且累计科研经费符合一定条件

续表

系列	类型	等级	送审要求		
			送审代表性成果数量	送审专家数量	代表性成果类型要求
实验技术系列		正高	3份	5位	不少于1篇研究论文
		副高	2份	3位	不少于1篇研究论文
学生思想政治教育系列		正高	3份	5位	不少于2篇研究论文
		副高	2份	3位	不少于1篇研究论文
教育管理研究系列		正高	3份	5位	不少于2篇研究论文
		副高	2份	3位	不少于1篇研究论文
其他系列		正高	3份	5位	不少于2篇研究论文
		副高	2份	3位	不少于1篇研究论文

职称评审的代表性成果是本人所在学科和研究方向密切相关的标志性成果，不同岗位类型的标志性成果显然不一样。比如，该校规定，申报教学为主型的送审成果中必须要有1篇教研论文，申报社会服务型的送审成果中必须要有横向科研成果推广应用后的总结报告及科研经费的要求，不再"唯论文"外审，充分体现岗位类型的区别和成果要求，并接受校外专家的鉴定与审核。一方面，充分显示出该校在职称改革方面的深化与落地，"分类评价"和"代表性成果评价"体现在校外专家评审和校内全面评价标准中，需要得到行业内专家的认可和校内专家的肯定，赋予职称改革后新增的教学为主型、社会服务型教师更多的权威性和价值获得感，让专心从事教学工作的教师有了更为具体的目标，让有志于从事横向科研及科研转化的教师有了更为明确的方向。另一方面，对高校的同行专家鉴定工作提出了更高的要求，接收鉴定的单位需要匹配对应类型的专家才是恰当之举，然而职称改革前专家并无分类，且教学为主、社会服务型的正高级专家相对稀缺，所以此举是增加了送审难度和接收方的评价难度。

相较之下，其他的地方本科院校在同行专家鉴定送审要求方面，仅在成果的数量上有要求，如正高要求五项成果、副高要求三项成果，对于成果类型与申报岗位没有相关要求，导致申报人员为了得到校外专家的认可，无论申报什么岗位类型，送审成果都以学术论文为主，并不能体现岗位、类型的区别。同时接收鉴定的单位在不了解申报类型的情况下，鉴定结果在适配性上会出现矛盾，如教学为主型教师的送审结果很可能出现"学术水平不高""科研能力不强"等评价，从而对校内评审产生影响。

3. 同行专家鉴定结果的使用

同行专家鉴定结果能够反映出申报人员的学术水平、研究能力、工作成果等,对于评审结果具有重要的参考价值;在评审过程中,如果在学术水平、研究能力等方面存在争议,同行专家鉴定结果可以为校内评审提供参考依据,与评审指标等其他信息综合考虑,得出评审结果。

鉴定等级分为"已达到"和"未达到",部分高校还设有"基本达到",介于"已达到"和"未达到"中间。如果送审五所高校,每所高校均面临三个评价结果,理论上会出现若干种排列组合,结果使用也比较复杂。总结八所高校的做法,通行的做法是参考评审规则中 2/3 通过原则,无论鉴定等级为两级还是三级,已达到的通过率不低于 2/3 才能推荐至校内评审环节,如上述A03 高校送审五所高校中出现两个未达到或一个未达到两个基本达到或三个基本达到,不予推荐至校内评审;送审三所高校中出现一个未达到或两个基本达到,不予推荐至校内评审。

同行专家鉴定结果作为职称评审中一项重要的参考指标,会对校内专家组的评审产生影响。虽然职称评审文件中对于同行鉴定结果的使用,没有完全否决"未达到"和"基本达到"的校内评审推荐资格,但从评审淘汰结果看,同行专家鉴定结论但凡出现"未达到"往往会被一票否决,在竞争激烈的情况下,"基本达到"也没有生还可能。整体而言,地方本科院校的职称评审中,同行专家鉴定结果的使用较为严苛。

4. 同行专家鉴定的有效期

同行专家鉴定意见的有效期一般为两年,意味着如果申报人员下一年继续申报,达到推荐要求的可连续使用,但也仅仅两年有效,并非多年有效。当然,如果对当年鉴定结果不满意,如有一个"基本达到",虽然符合校内评审条件,但申报人员认为不利于校内评审,则下一年可重新提交材料送同行专家鉴定。也有部分高校不允许连续申报,则鉴定结果只在申报当年有效。

三、评审条件

评审条件一般分为两大类,一类是申报资格条件,主要是品德、学历进修等方面的基本要求;另一类是业绩成果条件,是职称评价的标准所在,主要是教学、科研业绩成果条件。二者需要同时符合,才可以参加评审。

（一）资格条件

资格条件一般包含职业道德、年度考核、学历学位、任职年限、继续教育、教师资格、从事学生工作经历、公益性工作等方面的要求。

1. 职业素质的基本要求

首先，身为高校教师，应具备一定的政治素养、职业道德。遵守师德师风是首位要求，教育部印发了《关于建立健全高校师德建设长效机制的意见》《高等学校教师职业道德规范》《新时代高校教师职业行为十项准则》《关于高校教师师德失范行为处理的指导意见》等系列文件，江苏省教育厅印发《江苏省高校教师师德失范行为处理办法（试行）》，对师德失范行为有明确划分与界定，并有相应的处置要求。在职称评审中，对师德失范行为应持"零容忍""一票否决"的态度，一般在职称评审文件中均有明确规定。

其次，年度考核的要求。高校教职工的年度考核内容包括德、能、勤、绩、廉五个方面。德是指政治思想表现和职业道德遵守、执行情况；能是指专业技术水平和管理能力，勤是指工作态度、精神和遵守纪律的情况；绩是指业绩，包含履行职责情况，完成工作任务的数量、质量和效率，取得成果的水平、社会效益和经济效益等；廉是指在履行职责的过程中廉洁自律的情况。年度考核结果分为优秀、合格、基本合格、不合格四个等次，如果考核结果为"基本合格""不合格"，代表教师在完成年度工作任务、履行岗位职责方面存在或多或少的问题。职称评审中，要求任现职以来年度考核均为"合格"以上，代表履职合格；如果出现"基本合格"或"合格"，在任职年限上会有延迟一年以上的要求；另有诸如优秀教师绿色通道、管理岗等申报人员，须有年度考核获得"优秀"经历的要求。

2. 学历资历要求

八所高校教师系列的学历资历要求如表4-2所示。

表4-2 申报人员学历资历要求

高校	正高系列	副高系列
A01	1. 具有博士学位，取得副高级专业技术职务资格并受聘5年以上 2. 对体育、艺术学科可放宽至硕士学位 3. 年龄超过45周岁，可放宽至具有大学本科学历或学士学位	1. 具有博士学位，从事高等教育工作满2年 2. 具有大学本科及以上学历或学士及以上学位，受聘中级专业技术职务5年以上

续表

高校	正高系列	副高系列
A02	具有大学本科以上学历或学士以上学位（1966 年以后出生的申报人员须具有博士学位；其中艺术、体育学科申报人员可放宽到硕士学位），履行现岗位职责 5 年以上	1. 具有博士学位，担任讲师职务并履行岗位职责 2 年以上 2. 具有大学本科及以上学历或学士及以上学位，担任讲师职务并履行岗位职责 5 年以上
A03	大学本科以上学历或学士以上学位（45 周岁及以下申报教授资格者须具有博士学位），取得副教授资格并受聘相应职务 5 年及以上	1. 具备大学本科以上学历或学士以上学位（40 周岁及以下申报副教授资格者须具有硕士学位，35 周岁及以下申报副教授资格者须具有博士学位），取得讲师资格并受聘相应职务 5 年及以上 2. 获得博士学位，取得讲师资格并受聘相应职务 2 年及以上
B01	大学本科以上学历或学士以上学位（55 周岁以下申报教授职务者须具有博士学位），受聘副教授职务 5 年以上	1. 大学本科以上学历或学士以上学位（50 周岁以下申报副教授职务者须具有博士学位），受聘讲师职务 5 年以上 2. 获得博士学位，受聘讲师职务 2 年以上
B02	大学本科以上学历或学士以上学位（45 周岁以下申报人员须具有研究生学历或硕士学位），取得副教授资格并受聘 5 年以上	1. 获得博士学位，取得讲师职务并受聘 2 年以上 2. 大学本科以上学历或学士以上学位（40 周岁以下申报人员须具有研究生学历或硕士学位），受聘讲师职务 5 年以上
B03	教师岗位：具有硕士以上学历（学位），48 周岁以下申报者须具有博士学位（外语、体育、艺术参考其他岗位的要求）； 其他岗位：大学本科以上学历或学士以上学位，48 周岁以下申报者须具有硕士学位（学历）； 同时受聘相应副高级专业技术职务 5 年以上	教师岗位：具有硕士以上学历（学位），48 周岁以下申报者须具有博士学位（外语、体育、艺术参考其他岗位的要求）； 其他岗位：大学本科以上学历或学士以上学位，48 周岁以下申报者须具有硕士学位（学历）； 同时受聘相应中级专业技术职务 5 年以上；获得博士学位，受聘相应中级专业技术职务 2 年以上
C01	具备研究生学历或硕士以上学位（1973 年 1 月 1 日以后出生的教师须具有博士学位），取得副教授资格并受聘副教授职务 5 年以上	具备研究生学历或硕士以上学位（1978 年 1 月 1 日以后出生的教师须具有博士学位），受聘讲师职务 5 年以上；或具有博士学位，受聘讲师职务 2 年以上
C02	45 周岁以下申报教授资格者应具有硕士以上学位（其中 40 周岁以下申报教授资格者须具有博士学位），取得副教授资格并受聘副教授职务 5 年以上	45 周岁以下申报副教授资格者应具有硕士以上学位（其中 35 周岁以下申报副教授资格者须具有博士学位），取得讲师资格并受聘讲师职务 5 年以上；或获得博士学位后，取得讲师资格并受聘讲师职务 2 年以上

八所高校对任职年限的要求一致，即申报正高人员要求取得副高职称且受聘 5 年以上，申报副高人员要求取得中级职称且受聘 5 年以上（具有博

士学位人员受聘中级职称 2 年以上)。

对于学历学位的具体要求,各高校之间表现出差异,普遍要求申报高级职称应具有大学本科以上学历或学士学位,在此基础上,对年轻教师提出更高的学历要求,多以 35 周岁、40 周岁、45 周岁为节点设立学历要求,对年龄较大的教师学历要求相应下降。结合各学校的师资队伍结构,分析如下:

①A01 大学对申报正高级职称人员,要求其具有博士学位,对体育、艺术学科的人员放宽至硕士学位,对年龄超过 45 周岁人员放宽至本科学历或学士学位。结合 A01 大学的专任教师结构来分析:A01 大学博士比例近 50%、硕士比例为 43%(硕士、博士比例达 93%),本科及以下人员比例仅为 7%,占比最少的"本科及以下"人员往往是资深的老员工,因为各种原因没有保持学历上的晋升,但依旧为学校服务了很多年;同时 45 周岁以上人员比例约为 20%,55 周岁以上人员比例仅为 4.4%,对 45 周岁以上人员提出学历学位提升要求显然不切实际,部分终身就职于学校的老员工可能永远没有机会晋升正高职称,所以在学历要求的制定上,A01 大学既考虑了新进教师多为博士研究生及年轻教师学历提升的要求,也兼顾了老员工的职称晋升空间,对 45 周岁以上人员放宽学历学位要求。

②B01 大学要求"55 周岁以下申报教授职务者须具有博士学位""50 周岁以下申报副教授职务者须具有博士学位",显得较为严格。在学历学位的要求上,50 周岁或 55 周岁以上申报高级职称的人员本就很少,等同于规定绝大多数申报高级职称的教师必须具有博士学位,敦促教师们学历进修方面要有所提升。

③C01 学院对申报正高级职称人员,要求具备研究生学历或硕士以上学位,1973 年以后出生的教师须具有博士学位。结合 C01 学院的专任教师结构分析:C01 学院博士比例为 40%,硕士比例为 51.7%(硕士、博士比例达 90%以上),本科及以下人员比例为 8.3%;同时 45 周岁以上人员比例为 32.6%,55 周岁以上人员比例为 3.7%。与 A01 大学相比较,C01 学院相应的比例结构差别不是很大,但 C01 学院在学历要求的制定中显现出两点不合理:一是封锁了本科及以下人员晋升正高级职称的通道,这部分人员占比 8.3%,不失为一个小群体;二是要求 1973 年以后出生的人员必须具有博士学位,如果一直按此执行下去,随着时间的推移,1973 年以后出生的人员即使达到 45 周岁或 55 周岁,学位如果不提升到博士就永远不符合申报资格。

同样的情形也出现在 A02 大学中,用出生年月来限定学历学位要求,似乎并不合理。

样本中所有高校均出现了学历与年龄相关较大的规定,学历作为资格条件,不应对全体教师设置过高的要求。在"破五唯"的改革理念中,不唯学历不是完全不重视学历,事实上高校在招聘教师时学历要求是比较高的,但教师在工作中因岗位不同、分工不同,对学历及进修的要求不一样,职称评审中应予以全面考虑。无论对学历的要求宽松还是严格,应该既能体现出学校对年轻教师学历提升、终身学习的要求,同时也应体现出对资深员工以人为本的管理理念,让所有为学校服务的教职工都能享有职称申报的资格,而不是通过对学历学位的要求提前否定教师的申报资格和晋升空间。

3. 其他要求

其他要求包括培训进修、社会工作、教师资格证书、时间的计算等,主要根据上级文件精神,结合本校的实际情况制定,参照条件提前准备,并没有太多难度。比如,《江苏省深化新时代教育评价改革实施方案》中规定"高校青年教师晋升高一级职称,须有至少一年担任辅导员、班主任等学生工作经历";A01 大学的申报条件中要求"青年教师(40 周岁以下)申报教师系列高级专业技术职务,必须具有至少担任辅导员、班主任或学业导师、创新创业导师、校级学生社团指导教师等一年以上工作经历中之一项,并考核合格";B02 大学的申报条件中要求"须担任过 2 年以上辅导员或班主任工作且考核合格,担任中层以上干部的适当放宽",均体现出高校教师要有"教书育人"的本位职责。

(二)业绩成果要求

目前,地方本科院校教师职称改革中的"分类评价"标准主要按照岗位类型和学科分类制定评价标准,其中申报类型主要有四类:教学为主型、教学科研并重型、科研为主型及社会服务型,与岗位聘任的类型保持一致;同一类型下再按照学科进行二次归类,制定出不同的业绩成果要求(见图 4-4)。

地方本科院校对岗位类型的分类基本相似,对于学科的归类有所区别,比如,A01 大学对业绩成果的学科归类,分为哲学社会科学类、自然科学类、工程技术类、建筑学科类;B01 大学对业绩成果的学科归类,分为自然科学

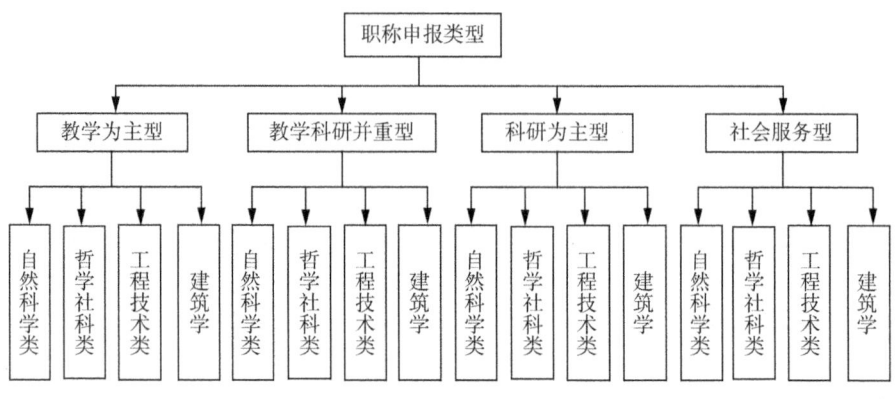

图 4-4　职称申报类型示例

类、人文社科类、艺术类、体育类；C01学院对业绩成果的学科归类，分为理工科类、人文社科类、建筑学专业、外语、艺术学和体育学，其中外语的岗位类型仅有教学为主型、教学科研并重型两种，艺术学分为理论型和实践型，体育学分为理论型和术科型。

　　各高校对学科的归类没有统一的标准，通常根据学校自身发展的特色和具体情况来确定，但不会细化到为每一个学科制定标准。高校对每个学科的归口类别均制定了明确的业绩细则要求，评价标准明确又具体，既能对教师起到指导和激励作用，也能促进学科建设和专业的特色化发展。

　　高校教师职称评审的核心主要是业绩成果，业绩成果分为教学业绩、科研业绩两方面。教学业绩指与教育教学相关的实践工作和学术成果，如教学工作量、教学质量、教研教改类论文、教学成果奖项、指导学生（项目、竞赛、毕业设计）、课程建设、教学工程等；科研业绩成果包括发表学术论文论著、主持科研项目、项目到账经费、科研获奖、授权专利、成果转化情况等。不同的岗位类型、不同的学科对教学业绩和科研业绩的要求不一样，这也是实行分类评价的原因所在。本书结合八所地方本科院校的政策文本，通过横向、纵向比较，以了解当前地方本科院校职称评审制度的现状。

　　1.教授（教学科研型）业绩成果要求

　　在分析八所高校的职称制度文本后，发现三组高校的制度存在部分同质化现象，本节在A、B、C组中分别选取一所高校的评审标准做示范分析。

（1）教学业绩

教授（教学科研型）的教学业绩主要以本科生授课、教学质量、教学研究的要求为主，如表 4-3 所示。

表 4-3 教授（教学科研型）教学业绩要求

高校	教学业绩
A01	1. 任现职以来每年至少系统讲授 1 门本科生必修课程，且年均授课不低于 64 学时，其中针对本科生的理论授课不少于 32 学时，其他教学环节（研究生教学、实验、课程设计、实习）可按学分折算成学时 2. 教学评价良好，学生评教至少三个学期位于学院（部）同类学科教师前 50%，督导评价良好
B02	1. 系统承担过 2 门以上课程的讲授工作，其中 1 门为学科（专业）基础必修课程或专业必修课程。平均每学年完成的全日制本科生教学学时数不少于 80 学时（不含毕业环节）。教学质量综合考核为"良好"以上 2. 具有博士或硕士学位授予权学科的教师独立指导过硕士研究生或协助指导过博士研究生，其他学科的教师指导过青年教师 3. 作为第一作者在省级以上期刊发表 1 篇以上教学研究论文
C01	1. 完成学校和学院下达的各项教学任务，任现职以来系统承担过 2 门及以上课程的讲授工作，其中至少有 1 门为全日制本科专业基础课或专业课。近 5 年平均每学年完成的全日制本科生、研究生教学工作量不少于 300 学时 2. 任现职以来，按照教学计划，指导过本科生实习、毕业设计（论文）或社会实践等，且独立或协助指导过 1 名以上青年教师并经考核达到合格以上。硕士（博士）学位点学科教师须独立或协助指导过研究生 3. 近 5 年年度教学质量考核均在"良好"以上，其中至少 2 次为"优秀" 4. 近 5 年主持完成校级及以上教学工程项目不少于 1 项 5. 任现职以来，独立或作为第一作者公开发表教研教改论文不少于 2 篇；或主编出版本科生通用教材 1 部，同时以独立或作为第一作者公开发表教研教改论文不少于 1 篇 同时具备下列任意一项： （1）获评校级及以上教学名师； （2）获国家级教学成果 1 项（有证书），或获省部级教学成果奖 1 项（前五名），或获市厅（校）级教学成果奖 1 项（前三名）； （3）获校级及以上教学竞赛二等奖及以上奖励（包括授课比赛、微课大赛、多媒体课件大赛等），或评为校级及以上优秀毕业设计（论文）指导教师（含优秀团队）； （4）指导学生参加 B 级及以上学科竞赛获省级二等奖以上奖励，或近 5 年指导学生完成省级及以上创新训练计划项目不少于 2 项

区别主要体现在以下几点：①教学工作"量"的要求。A01 大学为具有博士、硕士学位授予权单位，研究生约占学生总量的 1/3；B02 大学为具有硕士学位授予权单位且硕士研究生约占学生总量的 1/10，B02 大学和 C01 学院均以本科生为主。高校在贯彻落实"教授为本科生授课"的同时，可能还面临着大量硕士、博士生的导师制培养，所以对本科生的授课满足国家、省

标的基本条件即可;普通地方高校若以本科教学为主,每年有额定的教学工作量要求(一般在300课时左右),相应教学工作量的要求会比较高。②教学工作"质"的评价。A01大学规定"学生评教至少有三个学期位于学院(部)同类学科教师前50%,督导评价良好";B02大学规定"教学质量综合考核为'良好'以上";C01学院规定"近5年年度教学质量考核均在'良好'以上,其中至少2次为'优秀'"。区别在于评价主体、相对和绝对、连续和累计的要求上。A01大学的评价主体为学生,评教结果按比例排名累计三次在平均水平以上,凸显"质"的理念;B02大学的教学质量要求"良好"以上,实际执行中指向性不强,形同虚设;C01学院教学质量的评价主体为职能部门,无论任现职年限多久,只对近五年的考核要求较高,其中教学评价"良好"和"优秀"的比率不明确,可能存在全部"优秀"的情况。对比之下,A01大学的做法更有可取性,教学评价考虑到施教对象的评价、校内同行的评价以及与其他教师的横向比较评价,全面、科学、合理。③围绕指导学生、教学研究类工作,C01学院还设置了其他更细化、更具体的教学业绩要求。以本科生为主的普通地方高校中,教授是教师系列的最高级职称,是师资队伍中最高水平的代表,明确教学业绩方面的高标准、严要求,注重教学方面的研究与实践,也是具有代表性的做法。

(2)科研业绩

考察八所院校的科研业绩要求,均将论文作为必备条件,其他成果(科研项目、成果奖励等)作为选项条件,说明论文依然是高校教师职称评价中的核心要素;但是对于人才工程、人才称号等"帽子"的条件,没有出现在选项中。

①关于论文的规定,既有"数量"的要求,也有"质量"的要求,如表4-4所示。一般情况下,期刊等级越高,论文要求越严格,教师投入的时间和精力就越多。教师为了达到论文数量的要求,会选择级别相对不高的核心期刊进行投稿,以节省时间和精力。在论文的要求中明确论文总量的同时,还要求高水平、权威期刊收录论文的数量,是为了防范"水论文"的泛滥,确保教师科研论文的质量,整体上提高教师的理论水平。

表 4-4　教授(教学科研型)论文论著要求

高校	论文数量	论文质量
A01	哲学社会科学类:核心期刊论文 10 篇	权威期刊至少 3 篇
	自然科学类:SCI 收录论文 8 篇	SCI 二区以上收录论文至少 3 篇
	工程技术类:核心期刊论文 8 篇	SCI 收录论文至少 5 篇
	建筑学科类:核心期刊论文 8 篇	SCI、EI、SSCI、A&HCI、建筑学科一级期刊收录论文至少 3 篇
	获授权发明专利 1 项(排名第 1,限 2 项)可视同一般 SCI 论文或核心期刊论文 1 篇;获 PCT 专利授权的发明专利 1 项(排名第 1,限 2 项)可视同 SCI 二区论文 1 篇或核心期刊论文 2 篇。在核心期刊发表教学研究论文 1 篇可视同一般 SCI 论文或核心期刊学术研究论文 1 篇(限 1 篇)	
	以主编或第一作者正式出版教育部高等学校规划教材或学术专著 1 部且本人撰写 15 万字以上(限 1 部),可视同一般 SCI 论文或核心期刊论文 2 篇;以主编或第一作者正式出版省教育厅高等学校重点教材 1 部且本人撰写 10 万字以上(限 1 部)可视同一般 SCI 论文或核心期刊论文 1 篇	
B02	核心期刊论文 8 篇以上	人文社会科学:至少有 4 篇发表在 CSSCI 来源期刊上或被新华文摘、中国社会科学文摘、人大复印报刊资料等全文转载
		自然科学:至少有 5 篇发表在 SCI、EI(JA)来源期刊上
	主编正式出版国家级规划教材(本人撰写 15 万字以上)或者学术专著 1 部(15 万字以上),视为在核心期刊上发表学术论文 2 篇(限 2 篇)	
C01	理工类:核心期刊论文 6 篇	SCI 或 EI 期刊论文至少 3 篇
	人文类、建筑类、外语类:核心期刊论文 8 篇	SSCI、CSSCI、A&HCI 期刊论文至少 3 篇
	获得学校科研奖励的专著或主编出版的省部级规划教材,可折算为 1 篇 SCI 或 CSSCI 期刊论文,或 2 篇核心期刊论文,仅限 1 部	

从表中可以看出:首先,作为业绩成果中必备的条件,论文论著呈现出同质化要求,且分类评价标准依然没有摆脱量化评价的痕迹。地方本科院校在职称评审制度中,虽然摒弃了传统量化打分体系,但类似这种明确规定核心论文篇数、收录论文篇数、期刊级别等要求的,实则还是量化评价模式,只是范围缩小到论文论著这一单项指标上。其次,虽然制定有分类评价的标准,但并没有改变论文评价的实质,转向评价论文质量、学术贡献。比如,B02 大学的规定:对所有学科均要求发表核心期刊论文 8 篇以上,其中人文社会科学类至少有 4 篇发表在 CSSCI 来源期刊上或被新华文摘、中国社会科学文摘、人大复印报刊资料等全文转载,自然科学类至少有 5 篇发表在 SCI、EI(JA)收录期刊上。自然科学类的论文极少会发表在 CSSCI 来源期

刊上,人文社会科学类的论文也极少发表在 SCI、EI 收录期刊上,所以新制度借着分类的名义,提高了期刊级别的要求,而没有关注到自然科学和人文社会科学论文的质量、区别、贡献等。最后,部分高校与职称改革配套的制度有待完善,从表 4-4 中可以看出,A01 大学已建立校内权威期刊目录、学科期刊目录,并实际运用,其他多数高校暂未出现相关目录。因学科之间的差异,有部分期刊属于行业认可度较高、影响力较高,但不一定是收录源刊;反之,作为 SCI、EI 收录期刊并不代表期刊质量、论文质量较高,学校组织专家和相关部门修订校内期刊目录,是对期刊进行去伪存真,避免学术滥造的有利保证。

在对期刊论文数量、质量进行规定时,各高校都列举了相关论著、教材等著作型成果替代办法,如"获授权发明专利 1 项可视同一般 SCI 论文或核心期刊论文 1 篇""获 PCT 专利授权的发明专利 1 项可视同 SCI 二区论文 1 篇或核心期刊论文 2 篇""学术专著 1 部(15 万字以上),视为在核心期刊上发表学术论文 2 篇(限 2 篇)""获得学校科研奖励的专著或主编出版的省部级规划教材,可折算为 1 篇 SCI 或 CSSCI 期刊论文,或 2 篇核心期刊论文,仅限 1 部",等等。各校的替代办法规定多样,专著、教材、专利、指导学生竞赛获奖等都可以替代一定数量的期刊论文,对论文的要求在慢慢改变以往的刻板印象,这也是鼓励高校教师学有所长,精于行业深耕理念的体现。

②对于科研业绩的选项条件,对相关文本进行了梳理,详见表 4-5。

表 4-5　教授(教学科研型)科研业绩选项条件

学校	学科归类	科研业绩选项条件		
		纵向	横向	奖励
A01	哲学社会科学类	主持国家级项目 1 项	单项 30 万元以上或累计 80 万元以上;同时纵向经费不少于 12 万	获省部级科研成果二等奖以上奖励 1 项(排名:国家级奖前 5,省部级一等奖前 3,省部级二等奖第 1);或获省部级教学成果奖二等奖以上奖励 1 项(排名:省部级一等奖前 3,省部级二等奖前 2)
	自然科学类和工程技术类	主持国家级项目 1 项(不含国家自然科学基金青年基金)或主持省级重点重大项目 1 项	单项 150 万元以上或累计 300 万元以上;同时纵向经费不少于 45 万	
	建筑学科类	主持国家级项目 1 项或者省部级以上项目 2 项		

续表

学校	学科归类	科研业绩选项条件		
		纵向	横向	奖励
B02	所有学科（文学、体育学可以例外）	主持国家级教研、科研项目（不含国家自然科学基金青年基金）1 项，并已结题	—	获国家级教学成果奖 1 项（排名前 5）；或省级教学成果奖 1 项（排名前 3）获省部级以上科研成果二等奖以上奖励 1 项（国家级奖排名前 5；省部级一等奖排名前 3，二等奖排名 2）
	文学、体育学	主要参加国家级教研、科研项目 1 项（排名前 3），或主持省部级以上教研、科研项目 1 项，并已结题		
C01	理工科类	主持并完成省部级以上项目 1 项	—	省部级以上奖项（有证书），或市厅级一等奖 1 项（排名第 1）
		1973 年以后出生，主持国家自然科学基金项目 1 项	1973 年以后出生，单项 80 万元，或一年累计 100 万元以上	
	人文社科类、建筑学专业	主持并完成省部级以上项目 1 项	—	
		1973 年以后出生，主持国家社会科学基金项目或教育部人文社会科学研究项目 1 项	1973 年以后出生，单项 20 万元（经管类 30 万元），或一年累计 25 万元（经管类 40 万元）以上	
	外语类	主持并完成省部级以上项目 1 项	—	
		1973 年以后出生，主持国家社会科学基金项目或教育部人文社会科学研究项目 1 项或省级项目 2 项	1973 年以后出生，单项 20 万元，或一年累计 25 万元以上	
	艺术、体育（理论型）	主持并完成省部级以上项目 1 项，或主持有重大文化意义的省级（含教育厅）相关项目 2 项	—	省部级以上奖项（有证书）1 项

　　科研业绩主要包含纵向项目、横向项目和科研奖励三类。纵向项目是指各级政府设立的项目，有经费支持和目标成果要求；横向项目是由企事业单位委托的科技开发、科技服务等科研项目，以解决企事业单位实际生产和工作中出现的问题，具有较强的实践性和应用性，由委托方予以经费支持。纵向项目分为国家级项目、省部级项目、市厅级项目等。国家级项目主要指

由科学技术部、国家自然科学基金委员会、国家发展和改革委员会、军委科学技术委员会等下达列入国家科技计划体系的各类科技计划项目以及全国哲学社会科学工作办公室立项项目等;省部级项目主要指教育部等国家相关部委下达的科研项目、国务院直属企业设立的科研项目、省科学技术厅下达的各类科技计划项目以及省哲学社会科学规划办公室立项项目等;市厅级项目是指由市级(设区市)和厅级(省直属厅或局)下达的科研项目,通常是为了支持地方性的学术研究,推动地方经济发展,或者解决地方性的实际问题。在实际评审中,项目类别繁多,很多都难以定级,需要相关职能部门进行审核认定。

科研业绩的选项条件,可以体现出高校的发展偏好。比如,所有地方本科院校都表现出对国家级项目和省部级奖励的青睐。B02大学只在社会服务型的选项条件中出现横向项目的要求,其他类型均未涉及,表现出对纵向项目的重视。C01学院对不同年龄的教师提出不同要求,对年轻教师的科研成果要求尤其高。另外,几所院校在科研项目条件的规定上,基本都采用了等级差模式,即1项国家级项目=N项省部级项目;横向项目都设置了单项到账经费和累计到账经费的额度;奖励的要求包含了级别和排位,意味着教师在获奖中的贡献不一样。

从教授业绩成果要求中可以看出,A01大学对教学业绩的要求较为宽松,对科研业绩的要求体现出质量、分类评价、代表性成果评价的特征,这与A01大学自身的发展定位、既有的学术治理能力、行政管理方式等均有相关性,并非一蹴而就。C01学院对教学业绩的要求多样化、具体化,对教育教学工作更具导向性,对科研业绩的要求表现出向年轻教师倾斜,也显示了地方本科院校大力引进高层次人才的目标。B02大学也代表了部分地方本科院校的做法,职称改革尚处于探索阶段,无论在学科分类评价标准还是岗位类型的分类评价标准上,没有过多修改传统评价指标。

2. 教授(科研为主型)业绩成果要求

高水平大学中科研为主型教师主要工作职责是以科学研究为主,如A01大学设有独立的研究所,其工作人员以承担科学研究、指导研究生工作为主,并不一定承担教学工作;普通本科院校的科研为主型教师,是在教学、科研工作的分配中更侧重于科研工作,相对而言其科研成果更丰富些。

（1）教学业绩（表4-6）

表4-6　教授（科研为主型）教学业绩要求

高校	教学业绩
A01	1. 任现职以来,根据工作需要适当承担教学工作 2. 拥有博士学位点或硕士学位点学科的教师须独立或协助指导过硕士研究生,成绩突出 3. 在学科（专业）建设中成绩突出,能积极发挥学术骨干作用,有效地组织本学科教师开展教学、科研工作
B02	1. 任现职以来,承担过一定的教学任务,指导过本科生毕业设计（论文） 2. 具有博士或硕士学位授予权学科的教师独立指导过硕士研究生或协助指导过博士研究生,其他学科的教师指导过青年教师
C01	1. 完成学校和学院下达的各项教学任务,任现职以来担任过2门及以上课程的讲授工作,其中至少有1门为全日制本科专业基础课或专业课。近5年平均每学年完成的全日制本科、研究生教学工作量不少于150学时 2. 任现职以来,按照教学计划,指导过本科生实习、毕业设计（论文）或社会实践等,且独立或协助指导过1名以上青年教师并经考核达到合格以上。硕士（博士）学位点学科教师须独立或协助指导过研究生 3. 近5年年度教学质量考核均在"良好"以上,其中至少1次为"优秀" 4. 任现职以来,独立或作为第一作者公开发表教研教改论文不少于1篇 同时具备下列任意一项： （1）获评校级及以上教学名师； （2）获得市厅（校）级及以上教学成果奖（有证书）； （3）获校级及以上教学竞赛奖励（包括授课比赛、微课大赛、多媒体课件大赛等）,或评为校级及以上优秀毕业设计（论文）指导教师（含优秀团队）； （4）指导学生参加C级及以上学科竞赛获省级二等奖以上奖励,或近5年指导学生完成省级及以上创新训练计划项目不少于1项； （5）近5年主持完成校级及以上教学工程项目不少于1项

　　从表中可以看出,A01大学、B02大学对教学业绩的要求限于"承担过教学工作",没有教学工作量、教学质量的刚性要求,也取消了教师系列发表教研论文的要求,对指导研究生有规定。横向对比之下,C01学院的教学业绩要求比前两者高出很多,原因在于A01大学和B02大学均为博士、硕士学位授予权单位,拥有独立的研究院所和机构,C02学院以本科生为主,科研为主型岗位面向的群体截然不同。纵向比较C01学院教学科研型、科研为主型的教学业绩要求,在教学工作量、发表教研论文方面,科研为主型相对教学科研型的要求减半,已体现出对教学要求极大的弱化。

　　（2）科研业绩

　　①论文论著的要求

　　论文论著类要求是申报人员必须具备的条件,也被高校视为最能反映教师学术水平的成果,同时也是代表性成果的主要形式,接受校内外专家多重评价,在指标体系中具有重要地位(表 4-7)。

表 4-7　教授(科研为主型)论文论著要求

高校	论文数量	论文质量
A01	哲学社会科学类:核心期刊论文 12 篇	权威期刊至少 4 篇
	自然科学类:SCI 收录论文 10 篇	SCI 二区以上收录论文至少 4 篇
	工程技术类:核心期刊论文 12 篇	SCI 收录论文至少 7 篇
	建筑学科类:核心期刊论文 12 篇	SCI、EI、SSCI、A&HCI、建筑学科一级期刊收录论文至少 4 篇
	获授权发明专利 1 项(排名第 1,限 2 项)可视同一般 SCI 论文或核心期刊论文 1 篇;获 PCT 专利授权的发明专利 1 项(排名第 1,限 2 项)可视同 SCI 二区论文 1 篇或核心期刊论文 2 篇	
	以主编或第一作者正式出版教育部高等学校规划教材或学术专著 1 部且本人撰写 15 万字以上(限 1 部),可视同一般 SCI 论文或核心期刊论文 2 篇;以主编或第一作者正式出版省教育厅高等学校重点教材 1 部且本人撰写 10 万字以上(限 1 部)可视同一般 SCI 论文或核心期刊论文 1 篇	
B02	核心期刊论文 10 篇以上	人文社会科学:至少有 5 篇发表在 CSSCI 来源期刊上或被新华文摘、中国社会科学文摘、人大复印报刊资料等全文转载
		自然科学:至少有 6 篇发表在 SCI、EI(JA)来源期刊上
	主编正式出版国家级规划教材(本人撰写 15 万字以上)或者学术专著 1 部(15 万字以上),视为在核心期刊上发表学术论文 2 篇(限 2 篇)	
C01	理工类:核心期刊论文 8 篇	SCI 二区以上论文至少 1 篇
	人文类、建筑类:核心期刊论文 10 篇(外语类不设科研为主型)	SSCI、CSSCI 期刊论文至少 4 篇
	获得学校科研奖励的专著或主编出版的省部级规划教材,可折算为 1 篇 SCI 或 CSSCI 期刊论文,或 2 篇核心期刊论文,仅限 1 部	

从表中可以看出,与教学科研型的论文要求相比,科研为主型在论文数量和质量上均有所提升。以 A01 大学为例,与教学科研型相比,科研为主型在论文数量上提升了 20%～50%(哲学社会科学类、自然科学类由 8 篇提高到 10 篇,工程技术类、建筑学类由 8 篇提高到 12 篇),论文质量要求上提升了 30%左右。如果以副教授最低任职年限 5 年来计算,科研为主型教师申报教授,仅在论文方面平均每年需要发表核心期刊论文 2 篇以上,其中 1 篇为权威期刊或 SCI 收录论文等高水平论文。B02 大学、C01 学院对论文数

量、质量的提升与 A01 大学要求类似,比较之下,B02 大学对论文质量的要求更为重视,高水平论文占比达 50%,其余两所高校将高水平论文比例设定在 40%左右。

②科研业绩选项条件(表 4-8)

表 4-8　教授(科研为主型)科研业绩选项条件

学校	学科分类	科研业绩选项条件		
		纵向	横向	奖励
A01	哲学社会科学类	主持国家级和省部级项目各 1 项	单项 40 万元以上或累计 100 万元以上;同时纵向经费不少于 12 万	获省部级科研成果二等奖以上奖励 1 项(排名:国家级奖前 5,省部级一等奖前 3,省部级二等奖第 1)
	自然科学类和工程技术类	主持国家级项目 2 项	单项 200 万元以上或累计 500 万元以上;同时纵向经费不少于 45 万	
	建筑学科类	主持国家级和省部级项目各 1 项		
B02	人文社会科学	主持国家级和省部级项目各 1 项,并已结题	另有选项:获授权发明专利 5 件以上(排名第 1,有证书)	获省部级以上科研成果二等奖以上奖励 1 项(国家级一等奖排名前 5,二等奖排名前 3;省部级一等奖排名前 3,二等奖排名前 2)
	自然科学	主持国家级项目 2 项,并已结题		
C01	理工科类	主持并完成国家自然科学基金项目 1 项	—	省部级以上奖项(有证书)
		1973 年以后出生,主持国家自然科学基金项目 1 项	1973 年以后出生,单项 100 万元,或一年累计 200 万元以上	
	人文社科类、建筑学专业	主持并完成国家自然科学基金项目 1 项	—	
		1973 年以后出生,主持国家社会科学基金项目或教育部人文社会科学研究项目 1 项	1973 年以后出生,单项 30 万元(经管类 50 万元),或一年累计 60 万元(经管类 100 万元)以上	

几所高校在纵向项目的数量和横向项目的到账经费上均做了提升,比教学科研型的要求提高了 30%左右;科研奖励方面没有提高要求,A01 大学、B02 大学对教学业绩要求不高,在奖励选项中剔除了教学成果奖。

综合科研为主型的教学业绩、论文、科研选项等所有规定,教师需要发表10篇核心期刊论文(其中高水平论文4篇以上),主持完成2项国家级以上项目(部分可以有省部级项目1项),再辅以一定的横向项目经费或省部级以上教科研奖励,才符合申报条件。

3. 副教授(教学为主型)业绩成果要求

教学为主型是教师主要以教学及相关工作为重心,职称评审中主要评价其教学方面的业绩成果。在地方本科院校的学生培养中,有大量非常重要又面向全校学生的公共课、基础课,如大学物理、高等数学、英语等,教务任务比较繁重。申报教学为主型的教师主要是承担公共课、基础课教学任务的教师及少量对教学感兴趣的专业课教师,这部分教师承担了较多的教学工作,上好一堂课能影响更多的学生,同样有其重要的实际意义,申报人员主要侧重教学方面的研究,科研方面的研究相对弱势。

(1)教学业绩

教学为主型的教学业绩要求相对较高,指标设计也比较全面,主要包括教学工作量、教学评价、指导学生(论文、毕业设计、竞赛等)、教研项目、教研论文、课程建设等,均与教学工作密切相关。

从表4-9中可以看出,三所高校对于教学为主型教师的业绩要求基本覆盖了与教学相关的指标。首先,关于教学工作量的要求,C01学院教学工作量的要求成倍高于A01、B02两所大学,表面上相差较大。但观察同一所院校教学为主型、教学科研型、科研为主型之间的教学工作量要求(见表4-10),整体处于平衡且有明显区分度的分布,科研为主型、社会服务型都没有必须要为本科生上课的规定。C01学院以本科生为主,在教学工作上要求所有教师均要为本科生上课,也与学校以本科教学为主的校情相关。校际还存在教学工作量计算方法、换算当量的区别。

其他教学业绩方面,如发表教研论文的数量和质量,教研项目的级别和排名,指导学生参加竞赛、获奖等,几所高校之间的规定没有相差过大,源于高校的公共课、基础课设置基本一致,教师和学生参加的竞赛、获奖也是趋同的,所以职称评审的要求比较相近。

表 4-9　副教授(教学为主型)教学业绩要求

项目	学校		
	A01	B02	C01
教学工作量	讲授 1 门本科生必修课程,且年均授课不低于 160 学时,其中理论授课不低于 96 学时	承担过 2 门以上课程的全部讲授工作,其中 1 门为通识教育必修课程、学科(专业)基础必修课程或专业必修课程。平均每学年完成的全日制本科生教学学时数不少于 120 学时(不含毕业环节)	承担过 2 门及以上课程的讲授工作,近 5 年年均教学工作量不少于 400 学时	且具备下列任意一项: 1. 获评校级及以上教学名师 2. 获国家级教学成果 1 项(有证书),或获省部级教学成果奖 1 项(前 5 名),或获市厅(校)级教学成果奖 1 项(排名第 3)
教学评价	良好以上,学生评教至少有三个学期位于学院(部)同类学科教师前 50%	教学质量综合考核为"优秀"	近 5 年良好以上,2 次优秀	
教研论文	省级以上期刊 2 篇,其中 1 篇为核心期刊	核心期刊上发表 2 篇教学研究论文	不少于 3 篇,其中至少 1 篇为核心期刊论文	
指导学生竞赛	指导本科生参加省省级以上科技竞赛和创新创业竞赛 2 项;或指导本科生创新创业训练计划、外语竞赛、文体竞赛 3 项;或指导本科生实践团队 3 支	指导的学生毕业设计(论文)获省高校本科优秀毕业设计(论文)三等奖及以上(排名第 1),或获省优秀毕业设计(论文)团队(排名前 2);或作为指导教师在学校指定Ⅰ级竞赛中获国家级第三层次以上奖励 1 项(排名第 2);或作为第一指导教师在学校指定Ⅰ级竞赛中获省级第二层次以上奖励 1 项。体育教师担任学校运动队主教练,指导运动队(员)获得全国及以上重大体育比赛前 6 名,或省级重大体育比赛前 3 名	指导过本科生实习、毕业设计(论文)或社会实践等,且独立或协助指导过 1 名以上青年教师并经考核达到合格以上	3. 获省级及以上教学竞赛二等奖及以上奖励(包括授课比赛、微课大赛、多媒体课件大赛等),或评为校级及以上优秀毕业设计(论文)指导教师(含优秀团队),或获校青年教师授课比赛一等奖 4. 指导学生参加 B 级及以上学科竞赛获省级二等奖以上奖励,或近 5 年指导学生完成省级重点(国家级)创新训练计划项目不少于 2 项
教研项目	参与(排名前 2)省部级教育教学改革与建设项目 1 项;或主持校级教育教学改革项目 1 项并通过验收,完成情况优秀	获省级以上教学成果奖 1 项(排名第 5);或获校级教学成果一等奖以上奖励 1 项(排名第 1);或参与省级以上重点教学研究项目 1 项(排名第 3),或参加省级以上一般教学研究项目 1 项(排名第 2);或主持的校级教学研究项目优秀结题	近 5 年主持完成校级及以上教学工程项目不少于 2 项	

表 4-10　副教授教学工作量（不同类型）要求

学校	教学工作量			
	教学为主型	教学科研型	科研为主型	社会服务型
A01	160	64	—	—
B02	120	80	—	—
C01	400	300	150	150

（2）科研业绩

经梳理，三所高校教学为主型副教授的科研业绩要求中，论文依然是必不可少的条件，教研、科研项目及获奖根据个人所长选择一项。A01 大学进一步细化了教学相关的成果要求，按照级别和排位，对教学成果奖、教材、课程建设、讲课竞赛获奖、指导学生竞赛和毕业设计获奖、艺术作品创作等提出明确规定，在实际使用中，给予教师的个性化指导较强，操作中也更有效率，同时与教学科研并重型、科研为主型的差别较为明显，充分体现出分类评价的意义所在。B02 大学在论文要求与选项条件上未做分类，但在选项指标上和 A01 大学一样比较丰富；在后续学科组进行评议时，自然科学类和人文社会科学类的论文水平显然是不一样的。B02 大学教学为主型岗位的论文要求是同类院校中要求最低的，对论文低配设置，鼓励教师将成果体现在课程建设、专业建设、教学获奖等方面，是突显教学为主型教师教学方面成果的明确导向。对比之下，C01 学院对教学为主型、教学科研型、科研为主型等不同岗位的规定呈现出同质化，都要求有论文、项目或奖励，只是在论文数量、项目级别等规定上体现出差别，并不能突出每种类型的特征所在，如表 4-11 中没有凸显出 C01 学院教学水平的衡量指标，反而不利于教师发挥特长。

4. 副教授（社会服务型）业绩成果要求

社会服务型是高校教师职称改革后出现的新类型，目前大多数地方本科院校设有此类型，但不是每所地方高校均有此类型，其评价要求侧重于成果转化推广、科技创新服务、决策服务、科学普及等方面的业绩成果。

（1）教学业绩

在教学业绩成果方面，B02 大学不设要求，无须承担教学方面的工作；A01 大学要求适当承担教学工作，在指导学生、学科建设方面取得一定工作

表 4-11 副教授(教学为主型)科研业绩要求

学校	类型	论文	选项条件
A01	哲学社会科学类、建筑学科类	核心期刊论文3篇	1. 获国家级教学成果奖1项(排名前8),或获省部级教学成果奖一等奖(排名前5)或二等奖(排名前3) 2. 出版国家级规划教材1部(排名前5);或出版省部级规划教材1部(排名前3);或获评省部级及以上精品(优秀)教材1部(排名前3);或获评国家级一流本科课程1门(排名前5);或获评省部级精品(优秀)课程1门(排名前3);或获省部级及以上讲课竞赛或微课比赛二等奖以上1次(排名第1)
	自然科学类或工程技术类	核心期刊论文3篇,其中SCI收录、EI期刊收录论文或本学科一级学会刊物论文至少1篇	3. 作为第一指导教师指导学生学科竞赛、科技竞赛、创业大赛、文体竞赛获国家级竞赛三等奖以上或省部级二等奖以上;或作为第一指导教师指导学生获省部级优秀毕业设计奖以上 4. 从事体育类教学,担任高水平运动队教练或普通大学生运动队主教练,并指导本校运动队(员)获全国性及以上体育比赛单项前5(集体前8)或省级体育比赛单项前3(集体前6);或晋升国家级裁判员 5. 从事艺术类教学,在国内有影响的专业出版物或核心期刊上独立发表创作或设计作品3件;或作品参加全国性专业学会(协会)或省部级单位主办的专业展映活动,并获奖励
B02	所有学科	核心期刊论文2篇	1. 获省级以上教学成果奖1项(排名前5);或获校级教学成果一等奖以上奖励1项(排名第1);或参与省级以上重点教学研究项目1项(排名前3),或参加省级以上一般教学研究项目1项(排名前2);或主持的校级教学研究项目优秀结题 2. 参与国家一流专业、通过中国工程教育认证专业等国家级优势专业建设(排名前4);或参与省级一流专业等省级优势专业建设(排名前3) 3. 参加国家级优质教学资源建设(排名前5);或参与省级优质教学资源建设(排名前3);或主持校级在线课程建设并已通过验收 4. 获得由教育厅或省政府组织的省级教学竞赛第二层次以上奖励1项 5. 对标国际课程建设水平,对接产业学院课程教学目标及项目引导为主的教学设计要求,主持完成一门以上产业学院核心课程的重建工作,达到产业学院课程建设标准
C01	理工科类	论文2篇,其中核心期刊论文至少1篇	1. 主持并完成市厅级以上项目1项 2. 省部级以上奖项(有证书),市厅级一等奖(前3名),或市厅级二等奖(前2名),或市厅级三等奖(排名第1)
	人文社科类、建筑学专业	论文至少3篇,其中核心期刊论文至少1篇	
	外语类		

成绩,但没有具体工作量和必备业绩的规定,实际操作中可能流于形式;C01学院以本科教学工作为主,社会服务型与其他三种类型的教学业绩条件保持平衡,在教学工作量、指导学生、教研论文等方面都有必备的规定,但在教学有关业绩的数量和质量上降低了标准,以示区分(见表4-12)。

表4-12 副教授(社会服务型)教学业绩要求

高校	教学业绩
A01	任现职以来,根据工作需要适当承担教学工作;在人才培养、科学研究、学科建设及社会服务等方面工作中取得一定成绩
B02	无要求
C01	必备条件: 1. 完成学校和学院下达的各项教学任务,任现职以来担任过2门及以上课程的讲授工作,其中至少有1门为全日制本科基础课或专业课。近5年平均每学年完成的全日制本科教学工作量不少于150学时 2. 任现职以来,按照教学计划,指导过本科生实习、毕业设计(论文)或社会实践等,且独立或协助指导过1名以上青年教师并经考核达到合格以上 3. 近5年年度教学质量考核均在"良好"以上 4. 任现职以来,以独立或作为第一作者公开发表教研教改论文不少于1篇 同时具备下列任意一项: (1) 获评校级及以上教学名师; (2) 获得市厅(校)级及以上教学成果奖(有证书); (3) 获校级及以上教学竞赛奖励(包括授课比赛、微课大赛、多媒体课件大赛等),或评为校级及以上优秀毕业设计(论文)指导教师(含优秀团队); (4) 指导学生参加C级及以上学科竞赛获省级以上奖励,或近5年指导学生完成校级及以上创新训练计划项目不少于3项; (5) 近5年主持完成校级及以上教学工程项目不少于1项

(2) 科研业绩

社会服务型以开展应用型研究,推进研究成果转化,服务社会为主,职称评审中对科研业绩的要求也围绕这几项制定。A01大学、C01学院依然将论文作为必备条件,将主持科研项目到账经费和成果转让作为选项条件;B02大学无教学任务规定,要求有驻企业承担科技成果转化等相关工作经历,将主持横向项目及项目经费作为必备条件,将论文、奖励和成果转化作为选项条件。社会服务型在成果转化、项目经费、到账经费的要求上明显高于教学为主型、教学科研型和科研为主型,不同层次高校在到账经费、成果转化取得的效益上,体现出差距(见表4-13)。

表 4-13 副教授(社会服务型)科研业绩要求

高校	科研业绩
A01	任现职以来,具备下列条件中第 1 条和第 2~3 条中的 1 条: 1. 在核心期刊上发表本专业高水平、有创见的研究论文 4 篇。获授权发明专利 1 项(排名第 1,限 2 项)可视同核心期刊论文 1 篇;获 PCT 专利授权的发明专利 1 项(排名第 1,限 1 项)可视同核心期刊论文 2 篇;制定国家、国际标准 1 部(排名前 3)或制定行业技术标准 1 部(排名前 2)并经主管部门批准得到应用可视同核心期刊论文 2 篇(限 2 篇) 2. 任现职以来自然科学类、工程技术类和建筑学科类科研项目到校经费单项 100 万元以上或累计 300 万元以上;哲学社会科学类科研项目到校经费单项 30 万元以上或累计 80 万元以上 3. 作为第一完成人通过技术转让或专利授权等方式,单项转让费或授权费不低于 100 万元,总额不低于 200 万元
B02	具备下列条件中的第 1、第 2 条和第 3~5 条中的一条: 1. 具有开展科技成果转化、承担企事业单位委托项目、在行业内规模企业任职和实践的经历,或具有在校级驻外技术转移中心、产业研究院等机构工作不少于半年的经历 2. 自然科学教师主持单项横向项目到账经费(软件费)100 万元以上 1 项;或主持单项横向项目到账经费(软件费)50 万元以上 2 项;或主持横向项目累计到账经费(软件费)150 万元以上。人文社会科学教师主持单项横向项目到账经费(软件费)25 万元以上 1 项;或主持单项横向项目到账经费(软件费)12 万元以上 2 项;或主持横向项目累计到账经费(软件费)35 万元 3. 作为第一作者在核心期刊上发表本专业学术论文,或作为第一发明人获得授权发明专利,两项共计 5 篇(件)以上 4. 获省部级以上科研成果奖励 1 项(国家级一等奖排名前 8,二等奖排名 5;省部级一等奖排名 5,二等奖排名前 3,三等奖排名第 1) 5. 技术成果转化取得一定的经济效益和社会效益。专利或专有技术成果单项转让费或授权费不低于 100 万元,或获得省部级主要领导肯定性批示 1 项以上,或被省级报刊、电视新闻媒体以专题形式专门报道 2 项以上
C01	理工科类: 1. 论文:独立或以第一作者(通讯作者)公开发表高水平、有创见的本专业学术论文至少 3 篇,其中在 SCI、EI 期刊发表论文至少 1 篇 2. 项目及经费:主持单项科研经费 80 万元以上的科研项目 1 项,或主持单项科研经费 40 万元以上的科研项目 2 项,或主持科研项目一个自然年度累计科研经费 100 万元以上;或作为第一发明人获国家发明专利(授权)2 项以上且主持科研项目一个自然年度累计科研经费 40 万元以上 人文社科类、建筑学专业: 1. 论文:独立或以第一作者(通讯作者)公开发表高水平、有创见的本专业学术论文 3 篇以上,其中在 SSCI、CSSCI 期刊发表论文至少 1 篇 2. 项目及经费:主持单项科研经费 30 万元以上的科研项目 1 项,或主持单项科研经费 15 万元以上的科研项目 2 项,或主持科研项目一个自然年度累计科研经费 50 万元以上

以上分别选取不同院校教授、副教授的教学科研型、科研为主型、教学为主型、社会服务型的业绩成果要求做了对比和分析,不同院校在指标内容选取上基本相同,但具体标准相差较大;同一高校不同类型的业绩成果要求体现出了差别。

四、破格申报、绿色通道、直评通道

《关于深化高等学校教师职称制度改革的指导意见》指出："建立重点人才绿色通道。引导教师主动服务国家重大战略需求，注重工作实绩，其工作成果不简单以发表论文、获得奖项等进行比较评价。对取得重大基础研究和前沿技术突破、解决重大工程技术难题、在经济社会事业发展中做出重大贡献的教师以及招聘引进的高层次人才和急需紧缺人才等，在严把质量和程序的前提下，可制定较为灵活的评价标准，申报高级职称时论文可不作限制性要求，畅通人才发展通道。"

高校教师职称特殊晋升的途径主要有破格申报、绿色通道、直评通道等，以解决特殊人才的职称晋升。破格申报一般对校内在职在岗教师开设，对于成果特别优秀的人员可以在资历（任职年限）上破格，即提前 N 年申报职称，流程与正常申报职称没有区别。绿色通道一般是对具有特殊技能或做出突出贡献的人员开设的申报通道，即在某方面特别突出但在其他方面不完全符合申报条件的人员，如优秀教学人员绿色通道：教学工作特别突出，深受校内师生好评，但科研成果不符合申报条件的教师，开设绿色申报通道。直评通道一般对高层次人才和新进人员开设，对不符合职称评审条件中学历、资历等要求，但在教学科研工作中取得标志性、突破性研究成果的人员可以直接申报相应等级的职称。特殊晋升通道会有特别的前置条件，符合申报资格的教师并不多，地方本科院校中通过破格申报、绿色通道获得职称晋升的教师较少；直评通道在引进高层次人才上显示出优势，相对应用较多。

每所学校根据自身情况来制定特殊申报通道的评价标准，注重校外同行专家鉴定、行业内评价和校内专家评审意见。地方本科院校基本都制定了破格申报条件，保留了传统职称评审制度中的破格通道（见表 4-14），但是对于绿色通道、直评通道的创新，并非每所高校都有涉及。

表 4-14　副教授破格申报条件

学校	破格条件
A01	在满足正常申报条件的基础上,同时具备下列条件者: 任现职以来发表的论文达到如下要求:哲学社会科学类在权威期刊发表论文 2 篇以上;自然科学类 SCI 二区以上收录论文 3 篇以上或者论文累计影响因子在 15 以上;工程技术类在 SCI 二区以上收录论文 2 篇以上;建筑学科类在 SCI、EI、SSCI、A&HCI、建筑学科一级期刊收录论文 2 篇以上;或获得国家级教学竞赛三等奖、省部级教学竞赛二等奖以上
A02	在满足正常申报条件的基础上,同时具备下列条件: 1. 在国内外核心期刊发表本专业高水平、有创见的学术论文:文科 8 篇,其中至少有 3 篇在本学科权威期刊发表,且至少有 1 篇为一级权威期刊(或 SSCI 收录)论文;理、工科 6 篇,其中理科至少有 4 篇被 SCI 收录,工科至少有 3 篇被 SCI 收录;艺术、体育学科 6 篇,其中至少有 3 篇在本学科权威期刊发表 2. 文科主持省部级重点科研项目或国家级科研项目 1 项,理、工科主持国家级科研项目 1 项;或省部级科研项目 2 项
A03	在满足正常申报条件的基础上,具备第 1、2 条中的 1 条和第 3、4、5 条中的 1 条: 1. 省级及以上优秀博士论文获得者 2. 增加 SCI(理工农医类)或 CSSCI(人文社科类)检索论文 2 篇(第一作者) 3. 增加主持完成省(部)级课题 1 项 4. 增加获国家级教学、科研成果奖(有证书)1 项;或获省(部)级教学、科研成果奖一等奖(前 7 名)1 项或二等奖(前 5 名)1 项或三等奖以上(前 3 名)1 项;或获市(厅)级教学、科研成果奖一等奖(第 1 名)1 项 5. 获省级以上优秀骨干教师、青蓝工程、六大人才高峰、"333 工程"第三层次等荣誉称号
B01	在满足正常申报条件的基础上,满足 1 条: 1. 人文社科类学科:增加 1 篇 B 类权威期刊论文;自然科学类学科:增加 1 篇二区论文 2. 增加主持省部级科研项目 1 项 3. 增加获国家级教学、科研成果奖 1 项;或获省部级教学、科研成果奖一等奖(排名前 7)1 项或二等奖(排名前 5)1 项或三等奖(排名前 3)1 项;或获市厅级教学、科研成果奖一等奖(第 1 名)1 项 4. 增加国际授权专利 1 项(排名前 2),或国家授权发明专利 2 项(第 1 名) 5. 入选省级以上高端人才工程
B02	在满足正常申报条件的基础上,具备 1 条: 1. 人文社会科学教师在 CSSCI 来源期刊发表第一作者本专业学术论文,或被新华文摘、中国社会科学文摘、人大复印报刊资料等全文转载的第一作者本专业学术论文;自然科学教师在 SCI、EI(JA)来源期刊上发表的第一作者本专业学术论文比同类型正常申报条件的多 1 倍 2. 主持国家级教研、科研项目 2 项以上,并已结题 3. 获省部级以上科研成果二等奖以上奖励 1 项(国家级一等奖排名前 5,二等奖排名前 3;省部级一等奖排名前 3,二等奖排名前 2) 4. 单项横向项目到账经费 500 万元人民币(含)以上 1 项,或单项成果转化项目到账经费 500 万元人民币(含)以上 1 项 5. 入选省部级以上重点人才工程项目

续表

学校	破格条件
C01	在满足正常申报条件的基础上,符合1条: 1. 主持完成省部级重点研究项目、技术攻关项目或大型重点工程的主体建设及技术改造或重点新技术推广项目1项;或市(厅)级重点科研项目2项以上,并通过鉴定或已经完成准予结题 2. 获得过国家级教学、科研成果奖,或省部级二等奖(排名前5),或市(厅)级一等奖以上的奖励2项以上(排名前3)
C02	在满足正常申报条件的基础上,满足第1条和第2、3、4、5、6条中的2条: 1. 所发表论文被SCI、EI、SSCI、A&HCI、CSSCI来源期刊、新华文摘(全文)、高校文摘(全文)、中国社会科学文摘(全文)、人大复印资料(全文)收录4篇以上(外语、体育学科教师,教学为主型教师3篇以上) 2. 主持完成省(部)级以上教研、科研资助项目或市(厅)级科研重点资助项目1项以上 3. 主持完成省级以上教学质量工程项目[开放(精品)课程、重点(规划)教材]1项以上 4. 获得国家级教学、科研成果奖,或省(部)级教学、科研成果二等奖以上奖励1项(前3名),或省(部)级科研成果三等奖1项(前2名) 5. 取得国家授权发明专利3件以上(第1名),或制定行业标准1项以上(第1名) 6. 省级以上高端人才工程培养对象

从表中可以看出,A01大学、A02大学、A03大学、C02学院均将论文论著类作为必备条件,倾向于发表高水平、高级别论文;B01大学、B02大学将论文、科研项目、教学科研成果奖励、横向到账经费和成果转化等作为选项条件,兼顾了职称申报的四种类型,鼓励教师在擅长的专业领域做精、做深、做强,以取得重量级成果;A01大学的破格条件限制在高级别论文和教学成果奖上,C01学院的破格条件限制在科研项目和教学科研成果奖上。可以看出,每所高校的破格条件都不一样,但基本围绕科研业绩制定,教学业绩中唯有省部级以上的教学成果奖、教学竞赛奖入选,在教学和科研的权重分配上,无疑科研指标占了破格申报的绝对优势。

A01大学、B02大学设置了直评通道,从申报条件来看,主要面向教学科研能力较强并已取得杰出成就或突破性成果的教师,如在国际顶级期刊发表论文、国家"千人计划"青年项目入选者、国家"万人计划"青年拔尖人才、教育部"长江学者奖励计划"青年学者项目、国家级自然科学奖、技术发明奖、科技进步奖、教学成果奖获得者等。在地方本科院校中取得此类成果的教师极少,所以很多普通本科院校没有设置此类通道,也是基于实际情况出发。

对于职称评审中绿色通道的设置,各高校的规定不太一样,且有部分高校尚未制定相关政策。B02 大学对绿色通道的申报规定："为加大学校引才聚才的工作力度,对特设岗位、急需紧缺岗位的引进人才建立人才评价绿色通道。经学校人才工作领导小组认定后,由专业技术资格评审委员会办公室从学校高级专业技术资格评审专家库中遴选 11 名以上的专家组成特别评审委员会,开展相关专业技术资格评审工作。"C01 学院对绿色通道的申报规定:"对个别取得非常突出成绩者,在符合思想政治要求后,可不受资格基本条件、岗位等限制,由学校组织聘请专家进行同行学术评议。若同行专家一致推荐其晋升相应职务,由学校教师高级专业技术资格评审委员会评审,或经学校职称评聘工作领导小组评审批准后,直接发文聘任。"无论是考虑高层次人才引进还是成果突出的现有人员,高校岗位聘任中实施的"低职高聘",人才引进中采用的"年薪制""引进待遇"均可以弥补待遇上的不足,这也是普通本科院校不急于设置绿色通道、直评通道的原因。

五、其他规定

其他规定主要是职称评审过程中常见问题的说明和规定,如论文论著及发表刊物的要求,不同岗位之间的转评和晋升规定,年限的截止时间和计算方法,项目级别、获奖级别的认定,职称评审过程中的工作纪律和监督机制等,多属于说明性质,每所高校根据实际操作情况来制定。

第三节　地方本科院校职称评审制度改革的现状分析

本章对职称评审权下放后,八所地方本科院校的职称评审制度进行了内容分析,主要从评审标准、评审组织、评审程序、评审条件等方面展开,重点对比了几所院校分类评价的评审条件。总结了地方本科院校的评审制度,我们将评审权下放前后的评审内容做了对比,可以直观地看出调整之处,如表 4-15 所示。

表 4-15　高校职称评审权下放前后评审指标对照表

指标	评审标准说明	评审权下放前	评审权下放后	备注
思想道德	思想政治水平	✓	✓	
职业道德	职业道德高低		✓	
年度考核情况	岗位工作表现	✓	✓	
任职年限	专业水平	✓	✓	
教育程度	学历、学位要求	✓	✓	根据不同职级、类型、学科制定不同标准
	英语、计算机水平	✓		
	继续教育	✓		
教学工作量	基本工作量要求		✓	
教学质量	教学评价效果		✓	
人才培养	学生指导		✓	
论文论著		✓	✓	
科研项目		✓	✓	
教研科研获奖		✓	✓	
成果转化		✓	✓	

基于上面的分析,可以看出,地方本科院校在职称评审制度改革方面已经取得了一些成效,具体总结如下。

一、分类评价基本实施到位

职称评审权下放以后,地方本科院校的教师职称评审标准不再用"一把尺子量到底"模式,将岗位、学科纳入评价体系,按照岗位特征分为教学为主型、教学科研型、科研为主型和社会服务型,相同岗位再按照学科归类将教师划分为理工类、人文社会科学类、工程类、外语类、艺术类、体育类等,根据不同类型制定不同的评审标准,打破学科之间的不平衡。同时对于特殊人才,做出突出贡献、获得重大成绩的人员,不限于一般评审标准,开设特殊通道,满足不同教师的职称晋升需求。

随着职称评审制度的改革,地方高校更加重视教师的个性化发展诉求,着力于激励教师的专业能力,体现出分类评价的意义,突出专业性、特色性及高质量的要求,地方本科院校也能借此体现出学校的发展战略和人力资源战略。教师根据个人专长申报相应的职称类型,有了职称申报目标和晋升的机会,激发了工作热情,也有利于教师资源效用的充分发挥。

所以,从地方本科院校职称制度的制定来看,分类评价的形式已基本实现。

二、评审条件:由简单、宽松走向复杂、严格

从几所院校的职称评审文件中可以看出,分类评价的主旨较为明确,不同类型的教师采用不同的申报条件和评价标准,但并不意味着职称评审的标准降低,实际上评审的要求是提升了。

1. 评审条件趋向严格

评审权下放后,高校自主制定的评审条件几乎都是高于省定标准的,如高校的评审文件中列明需完成的教学工作量、具体教学考核效果,发表论文的质量,论著的字数,科研成果、获奖层次、级别、排名,科研到账经费等,要求均明显提高。随着评审权下放初期探索阶段的结束,高校教师职称评审改革向纵深推进,分类评价的成果要求也更加精进。

2. 评审指标更趋完善

一套完整的高校职称评审制度涵盖了思想道德、职业道德、年度考核、任职年限、教育程度、教学工作量、教学质量、人才培养效果、发表论文、主持项目、获得奖项等十几个方面的要求,对教师的评价是一个有机的整体,既考虑教师的思想政治条件、学历资历、教学、科研等方面的要求,又突出教师的实践、创新能力,同时还强调育人为本,坚持以对教师综合能力的考察为政策导向。地方本科院校的职称评审文件中对不同级别、不同类型、不同学科教师提出了不同要求,涵盖了实际工作中运用到的专业能力、教学能力、科研能力和实践水平,其针对性、科学性、可操作性都明显增强。

三、评审方法:由主观、单一走向客观、多元

地方本科院校职称评审文件更强调程序规范性、实际可操作性,评审方式从主观走向客观,主要表现在以下两个方面。

1. 评审内容更科学具体

对职称评审所需条件的规定由笼统、定性的表述转向定量、精确化表

达，使教师职称评审工作更具可操作性，提升工作效率。比如，江苏省高校副教授资格条件中对教学业绩的要求表述为"教学成绩突出。在教学过程中，能根据本学科发展前沿和现代科学技术的发展，不断改革、更新、充实教学内容，掌握现代化的教学手段；教学态度认真严谨，经验丰富，教学观点正确，方法得当，注意对学生能力的培养，在开发学生智力方面成绩显著"；对社会应用型的业绩要求之一表述为"从事科技开发、科研成果转化或农业技术推广成绩显著，取得重大的社会效益，并为国家或学校创造了较大的经济效益"。C01 学院的职称评审文件中对教学业绩的规定具体为年均教学课时数、课程门类、教学质量评价等级、主持教学项目（级别、排名）、指导学生和考核要求等，详细又明确；对项目的级别、数量，获奖的级别、排名都有明确的规定，非常清晰。

2. 评审方法更加多样化

评审权没有下放前，由省人社厅统一组织评审，以静态审阅材料为主，专家对评审结果的影响较大。评审权下放后，首先，评审全程在学校完成，过程中前后经过校外同行专家鉴定、学院初审、学校审查、申报材料展览、学科组答辩评议、专业技术委员会评审及每个流程的公示等诸多环节，增加了申报人员展示自我及了解竞争者的机会。其次，经历新冠疫情后，高校的职称评审也开启了线上评审模式，专家不再受制于时间、空间，任何一个环节都可以由校内、校外专家共同完成，避免人情因素的干扰。最后，随着第三方评价机构的逐步完善，评审方式有了更多的选择，也大大提高了评审工作的客观性。

第五章

地方本科院校职称评审中
存在的问题及应对

地方本科院校获得职称评审权后,在分类评价、代表性成果评价、提高教育教学评价等方面均有相关举措,职称评审制度的建设已取得一定成效。经历七年的改革实践,职称评审工作也发现了一些共性的问题,应适时总结并加以改进。

第一节　地方本科院校职称评审中存在的主要问题

一、评价标准尚未完善

《关于深化高等学校教师职称制度改革的指导意见》中提出,要完善评价标准:严把思想政治和师德师风考核,将师德表现作为教师职称评审的首要条件;突出教育教学能力和业绩,提高教学业绩和教学研究在评审中的比重;克服唯论文、唯"帽子"、唯学历、唯奖项、唯项目等倾向,核心是评价研究本身的创新水平和科学价值;推行代表性成果评价,探索多种成果形式,注重质量评价。

新一轮高校教师职称制度改革,"破"的是重科研、轻教学、轻育人的行为,传统的量化评价过于注重数量而忽视了质量;"立"的是凭能力、实绩和贡献来评价教师,坚持质量导向,鼓励潜心教学、全心育人,扭转因重视科研而轻教学、轻育人等倾向。地方本科院校在承接职称评审权的过程中,很难一蹴而就改革到位,梳理地方本科院校评审标准的制定和实施,还存有不足之处。

1. 围绕师德师风的评价标准、体系和方案尚未健全

本轮地方高校教师职称改革的重点之一是"严把思想政治和师德师风考核",在地方本科院校的职称评审制度文本中,均将师德表现列为职称评审首要条件,一般表述有"各单位组成考核小组,对本单位申报人员的师德师风、思想政治表现、职业道德进行考核,并提出推荐意见""实行师德'一票否决'制",等等。部分地方本科院校在程序上对此颇为重视,成立了师德师风考核小组,负责对师德师风问题进行认定、处理、复核等。但在实际执行过程中,大多数地方本科院校关于师德师风的审核均参考"高校教师师德失

范行为负面清单",并没有制定师德考核评价的具体标准和考核办法,只要没有严格意义上违背师德师风的问题,就是达到标准,很多师德师风考核小组成立后都没有受理过教师的师德失范行为。

虽然国家从制度层面规定了思想政治和师德师风的重要地位,但在地方本科院校的职称评审中,这一考核环节常流于形式。作为职称评审的首要条件,师德师风理应是一项重要的评价内容,但高校常常用"合格与否"等定性评价作为前置条件,失去其应有的意义。职称评审中师德合格的人员,出现学术不端、学生评价不高、教师投诉等问题屡见不鲜,可见师德师风并非没有问题,但是不应该简单地用底线思维来衡量。由此可知,师德师风的评价机制尚缺位,思想政治与师德师风因缺乏评价标准而成为评价中的短板。

2. 教育教学的评价比重依然较轻

教育部在《全国教育人才发展中长期规划(2010—2020 年)》中提出"实施促进教师潜心教书育人政策",把教学特别是教书育人效果作为教师考核的核心指标,改革学校内部薪酬分配制度,完善激励机制,向教学一线的教师倾斜,形成引导和保障教师专心教学的机制;建立完善重创新、重质量、重贡献的高校科研评价机制,引导教师及时将科研成果转化为优质教学资源。人社部、教育部在《关于深化高等学校教师职称制度改革的指导意见》中也特别提出"突出教书育人实绩""把认真履行教育教学职责作为评价教师的基本要求""提高教学业绩和教学研究在评审中的比重"。回顾评审权下放以来,地方本科院校中通过教学绿色通道获得职称晋升的教师凤毛麟角,教学科研型的评价指标中也并未体现出对教育教学的重视。

地方本科院校的人才培养质量十分关键,教师肩负着培养重担,承担了教学工作,理应存在教育教学质量的高低。然而在实际操作中,教育教学方面长期缺乏合理的评价指标,一方面是学生评教的离散性较大、客观性不足;另一方面,校内职能部门评价或同行评价囿于人情因素而缺乏参考价值。在职称评审中,教育教学的评价结果趋同性较高,无论定性评价还是定量评价,基本都是良好以上并且集中于某个区间,不能体现其应有的价值和意义。如果无法区分出教学质量、学生评价的高低,就无法体现教育教学在职称评审中的地位,失去其应有的价值和效用,从而转向对科研成果评价的依赖。

3. 破旧立新没有真正落地

职称改革的指导意见中,特别指出要克服"五唯"倾向,"规范学术论文指标的使用,论文发表数量和引用情况、期刊影响因子等仅作为评价参考,不以 SCI(科学引文索引)、SSCI(社会科学引文索引)等论文相关指标作为前置条件和判断的直接依据",强调"核心是评价研究本身的创新水平和科学价值",提出"高校结合实际建立各学科高水平期刊目录和高水平学术会议目录。对国内和国外的期刊、高水平学术会议发表论文、报告要同等对待",纠正过于依赖量化指标,"不得简单规定获得科研项目的数量和经费规模等条件"。

高校教师职称的任职资格作为职称制度的核心,是地方高校职称评审改革的焦点。虽然国家从宏观层面出台了指导意见,但从总体上看,地方本科院校在职称制度改革的推进中,很大程度还停留在曾经使用的制度文件上。高校教师的职称评审离不开教学、论文、项目等评价指标,考察高校教师的任职资格,必须达到一定的水平才可以。高校的职称评价标准在量化评价过程中,发展出诸如"发表 SCI 论文 5 篇""主持国家级项目 2 项""获得省部级奖项 1 项"等带有明确级别、数量的任职条件,缺少一项即没有申报资格;加之教学评价难以量化,导致职称评价中重科研、轻教学,重数量、轻质量的现象愈演愈烈。教师在一段中长期的努力中,发表了 3 篇高水平论文,少发表 1 篇高水平论文就不满足职称申报资格;教师兢兢业业教学 20 年,学生评教、教学督导均名列前茅,但没有发表一定级别的论文,就没有职称申报资格。虽然地方本科院校都实施了分类评价,但具体制度文本的标准仍以量化指标为主,没有真正破除"唯论文"的限制。

"破五唯"是纠正过度的量化,并不是"不要"。比如,教师获得"省级教学名师"称号,本身代表了教师在教学方面成绩突出,在职称评审中当然可以发挥作用;但并非必须获得这个称号才有资格申报,或者获得称号后就必然代表教师具备副教授资格,这是对"唯"的破除。目前,地方本科院校制定的职称评审标准中,沿袭旧有文件的痕迹较重,基本还停留在对论文、项目、经费等量化指标上,依旧重视发表期刊的级别、影响因子,项目的级别和经费等指标,对学术会议论文、调研报告的认可度较低,高校自有的学科期刊目录、学术会议论文目录等尚未建立,对研究成果的创新性、科学价值的评价体现不足。

职称评价标准作为地方高校教师评价的重要"指挥棒",相对于"破五唯",更难的是"立新标"。地方本科院校应该如何制定出新的教师职称评审标准,比如,如何科学合理地评价教学水平,既能鼓励教师潜心教学保证人才培养质量,又能激发教师的科研热情,保持好教学与科研的平衡,这是职称评审改革中面临的很大的难题。在新的评价指标没有明确之前,很多高校选择继续使用传统评价指标,这也给改革带来阻碍。

4. 代表性成果评价中理论与实际的差距

2016 年以来,多项旨在推行代表性成果评价的制度文件密集出台,均提出学术评价应"以质量为核心",明确指出要"推行代表性成果评价。结合学科特点,探索项目报告、技术报告、学术会议报告、教学成果、著作、论文、标准规范、创作作品等多种成果形式,将高水平成果作为代表性成果","注重代表性成果的质量、贡献、影响,突出评价成果质量、原创价值和对社会发展的实际贡献以及支撑人才培养情况","注重质量评价,防止简单量化、重数量轻质量,建立并实施有利于教师潜心教学、研究和创新的评价制度"。代表性成果评价是对量化评价的纠正,关注科研成果本身的学术贡献、社会贡献,注重科研成果的内涵、质量、影响等。

在实践中,地方本科院校制定的职称评审制度虽然规定了分类评价和代表性成果评价,却没有做到真正意义上的代表性成果评价。首先,职称评审中的评价核心是业绩成果,具体来说是论文、项目和奖项等,评审模式依然是好中选优。虽然很多高校不再进行量化打分,但专家自身从传统的量化评审中晋升,对期刊级别、影响因子、项目级别等已形成思维定式,加之"质量""贡献"等提法很难衡量和评价,所以评审内容和方式没有实质性改变。其次,学科评议组或专业技术评审委员会的评审方式存在缺陷,现场专家往往需要在很短的时间内做出评价决定,对教师业绩成果的质量、创新性等并没有充足的时间去了解并评价,有些专家甚至不了解申报人员研究的方向和内容,如社会服务型,无论是校内专家评议还是校外同行专家鉴定,依然是高校教师(多为教学科研型)评价科技成果转化的价值和意义、社会服务的质效和贡献,评价结果缺乏认同感和公信力。总之,地方高校职称评审中代表性成果评价的操作模式没有完全实现其本质意义。

二、学术权力行使不到位

根据教育部 2014 年发布的《高等学校学术委员会规程》,高校中的学术委员会是"校内最高学术机构,统筹行使学术事务的决策、审议、评定和咨询等职权",高校应当"充分发挥学术委员会在学科建设、学术评价、学术发展和学风建设等事项上的重要作用,完善学术管理的体制、制度和规范,积极探索教授治学的有效途径,尊重并支持学术委员会独立行使职权,并为学术委员会正常开展工作提供必要的条件保障"。《国家中长期教育改革和发展规划纲要(2010—2020 年)》中,就"完善中国特色现代大学制度"提出,充分发挥学术委员会在学科建设、学术评价、学术发展中的重要作用。探索教授治学的有效途径,充分发挥教授在教学、学术研究和学校管理中的作用。

《中华人民共和国高等教育法》规定,各学校要成立学术委员会组织,但一直没有制定实施细则,对人员构成、运行程序等没有明确规定。最先成立学术委员会的部分高等学校中,委员会成员由校长、各学院院长及兼任行政职务的专家学者构成。这种行政人员为主的组成方式,令许多学术事务以行政方式处理,这种示范效应延续到地方高校的管理运行中。《高等学校学术委员会规程》出台后,对学术委员会成员的构成做了规定:"学术委员会一般应当由学校不同学科、专业的教授及具有正高级以上专业技术职务的人员组成,并应当有一定比例的青年教师。""担任学校及职能部门党政领导职务的委员,不超过委员总人数的 1/4;不担任党政领导职务及院系主要负责人的专任教授,不少于委员总人数的 1/2。"

职称评审属于认可性、鉴别性评价,应当由专业的学术组织实施评价,学术权力应当在高校教师职称评审中发挥主导作用。从实际来看,地方本科院校的学术委员会成员构成以教授等高级职称的专业技术人员为主,在实践过程中也暴露出一些新的问题,如附和多、质疑少,对于学术事务的处理,一般成员听取行政部门的建议,不愿做过多的审查和思考等[①]。究其原因,主要有以下几点。

---

① 黄明东,蔺全丽.高等学校学术治理的逻辑[J].教育研究,2022(8):141-148.

1. 行政部门主导职称评审工作的组织运行

2017 年职称改革以后,地方本科院校开始具有教师的职称评审权,但职称评审权并没有真正落实到学术权力组织,反而扩大了高校内部的行政权力。职称改革后,一般由地方本科院校的人事部门代表学校,以职称工作领导小组办公室的身份出现,对学校的职称工作领导小组(校领导及相关职能部门为主体)负责,即意味着人事部门在"放管服"基础上几乎拥有整个评审环节的所有权力①。

职称评价标准的制定、校外同行专家鉴定、评审委员会的组建等,均由行政管理部门组织完成,行政管理的方式和理念不可避免地会出现在职称评审的过程中,学术权力在职称评审和组织方面几乎没有发言权。有些评价标准的修改是相关职能部门事先设计好的,通过合理的程序用"评审委员会"或"职称工作领导小组"的名义表达出来,使得职能部门的意见在这个过程中被"合法化"了。

职称评审委员会的产生过程和逻辑,也体现了行政权力的合理运行。比如,学院评审评委会成员的选定方式是在既定的学校专家名单内确定。学院评审委员会的组成成员一般由院长、副院长、教研室主任、校外专家、教授组成,这种组成方式充分体现了行政权力的侵占性,无行政职务的教授成为专家组成员的陪衬。即便文件中有要求"校外专家比例不得低于 20%"或"每年有 1/3 以上为新评委",但全体专家人员名单以及职能部门负责人的结构比例不变,无行政兼职的教授占比非常少,依旧是行政权力占主导。在评审的关键环节中,面对领导干部的推荐、行政层面的干预等非学术因素的干扰,一般教授也很难做到学术至上的评价。

在职称评审工作的组织运行中,行政部门组织了一场学术评价的事务,很大程度上会演变成学院之间的博弈、教师人际关系的博弈,学术权力在职称评审中的作用非常有限。

2. 任职资格和淘汰标准是典型的行政判断

高校教师职称评审的本质是一种评判,并且是一种对申报者是否具备高一级职称的终结性评判,在任职资格和淘汰标准的设定上,行政权力的优

---

① 冯东,李慧心. 高校教师职称评审的行政化问题与规制路径[J]. 教育评论,2021(11):111-117.

势明显。职称评审一般有三个评价阶段：一是任职资格评价，要求必须具备的硬性条件有任职年限、承担教学工作量、指导学生工作经历、科研成果等申报资格的基础标准；二是在基础标准上，有破格条件、绿色通道、直接评审等特殊任职资格的评价，有若干的条件选择，满足条件之一即符合申报资格，如主持完成国家级项目2项或省部级项目4项，或获得国家级奖励二等奖以上；三是进入评审环节的学术水平评价，即任职资格达标以后的淘汰评审。前两者属于绝对性评价，后者属于相对性评价。这三种递进关系的评价中，前两种评价的权力始终被行政权力把持着，表面看来这类情况并不成问题，但在执行中会出现各种疑难杂症，如对项目级别的认定、奖励级别的认定、各种协会学会组织的项目获奖的确认等，负责解释的职能部门主体便拥有较大的影响力，这种权力被明示为一种行政权力，在解释权归属问题上体现得一览无余。

另外，淘汰比例谁来把握，这也是一个有关评审权力的问题。表面看来，评委们坚持分类评价的任职资格条件，突出代表性成果评价，综合考虑申报人员的德、能、勤、绩表现，遵循学院学科组初评、学校学科组评议、学校评审委员会评审都以无记名投票的方式进行，并且始终坚持三分之二以上通过的原则。但是，在哪个阶段进行淘汰，指标如何分配，把指标分配给学院还是分配给学科，把淘汰指标控制在申报总人数的50%还是30%，则处处体现出行政权力的游戏规则。在种种规则设定下，即便是一个具有学术权力本位意识的评委专家，也很难在行政权力设定的评审规则下进行自由决断。

3. 学术权力的表达明显式微

面对高校的教育评价、学科评估、排名等，高校的学术声誉和影响力必然依赖论文、项目、获奖等科研成果，学校的发展面临一定的科研压力。职称评审作为有力的"指挥棒"，从政策制定上体现出对科研成果的重视，评价指标偏向于学术论文数量、发表刊物级别、获得奖项级别、科研到账经费等，几乎是必然的。高校学术权力不可能在缺少行政权力的支持下真空运行，在理念层面上，学术权力发挥的空间本就有限。

地方本科院校的学术资源有别于高水平、研究型大学，学术圈子可能存在某些学术派系或学科团体，对于职称评审过程中的评价标准和偏好会产生一定影响力。如果某个学术派系在高校中占据主导地位，他们的评价观念和偏好可能会对评审结果产生影响,导致其他学科或教师的成果得不到公正的认可。

地方本科院校尚未形成教授治学模式,学术评审委员会很难保证学术权力的独立性和自主性,难以避免行政权力对职称评审的干预。职称评审权下放以来,地方本科院校在承接评审权、行使评审权的过程中,自身发展的规模、教授的总量、长期形成的行政管理特色等都制约着学术权力的有效运行。能否调节好学术权力和行政权力的关系,承接住评审权力,既考验着地方本科院校的管理水平,又影响着职称评审的权威性。

三、专家管理不规范

评审权下放以后,地方本科院校向省级教育主管部门报备的材料主要有三类:职称评审文件、专家库名单和评审结果。专家评审作为职称工作的核心环节,专家库成员的构成、使用规则、运行等会直接影响评审效果。

1. 专家库的结构不合理

首先,部分学科的专家数量得不到保证。普通地方高校以应用型学科为主,基础型学科(如中文、数学、英语、体育等)普遍存在正高级职称人员比例偏少的现象,即专家储备不够,在专家遴选时会出现困难。解决途径通常有两种,一是扩大校外专家的人员比例,二是选取学科相近的专家。如果扩大校外专家比例,在抽取评审专家时,受现场评审、时间、地域、工作冲突的影响,不确定性非常高;如果抽取学科相近的专家较多,则专业性不强,评审的合理性、客观性都会受到质疑。其次,对专家没有分类要求。地方高校实行分类评价以后,职称申报类型主要分为教学为主型、教学科研型、科研为主型和社会服务型,但是专家库成员却没有分类要求,专家多为科研为主型、教学科研型,还有具备行政职务的"双肩挑"人员,而社会服务型、教学为主型的专家少之又少。增加社会服务型以后,高校教师评价仍以成果转化、社会效益等业绩成果来评判,显然不合理。职称评审中实行分类评价,而专家组成未能与之呼应。

2. 部分专家形同虚设

1978年恢复职称工作后,高校教师的职称评审就提出要聘请一定比例的外单位同行专家参加,在最新的改革要求中,校外同行专家的比例一般不得低于 20%。调研中发现,地方本科院校专家库中校外专家比例基本都能达到,但经梳理后发现部分专家从未参加过职称评审工作或学术交流活动,仅仅是完成规定的比例要求。更有部分高校将评审权前置到二级学院,如果学院学科组执行同比例要求,有些专家的存在只为达到比例要求而无缘参加职称评审工作,从程序上满足了相关规定的要求,但实际上可能沦为行使行政权力的工具,是一个很大的漏洞。有些高校设定评审学科组每年必须有新任专家,促使专家轮动并不断补充新的评价观点,相对科学合理;有些高校规定专家库三年调整一次,仍然有专家三年里从未参与过职称评审,成为摆设。

3. 专家遴选和培训要求不到位

首先,专家遴选标准不严格。评审专家的遴选有严格的规定,除了职称要求以外,还有坚持工作原则、为人正派、办事公正、遵守工作纪律等道德方面的要求,但地方本科院校的专家遴选,校内专家主要依赖二级学院推荐,校外专家主要依赖同行推荐,对专家的思想道德、职业素养等缺乏考察,也没有严明工作纪律、廉政纪律方面的要求。其次,专家培训不足。出于工作纪律和保密原则的要求,职称评审专家一般为临时抽取,专家往往到了评审现场才能了解到有哪些人员、哪些学科、评审指标有多少等信息。在申报人员答辩前后,校内、校外专家并没有充足的时间去了解职称评审的评价标准、投票规则、评审纪律等,也没有预留时间对全部申报人员的材料进行比较,只能被动跟随程序、听取意见、走完流程,专家评审结果的客观、公正、合理很难保证。

4. 匿名投票难以确保专家负责制

目前,地方本科院校职称评审中的投票方式多采用匿名投票,即专家投票表决时不标注姓名。从专家个体心理分析,也许专家在主观上并不愿意受人情或行政权力的干扰,但客观上会受制于人性的弱点而出现倾向性,产生行为上的偏差,这种评价偏离了学术评价。投票不纳入任何诚信记录,不用接受必要的监督,也不用对评审结果负责,更不用做答复,无论职称评审的结果公正与否,都不会被追责或质询,在"集体决议"的保护下,匿名投票让专家的主观性可以无限放大,专家"负责任地评审"也无从考量。

5. 专家信息保密不到位

职称评审权下放后,地方本科院校的专家们出现集体"头疼"的症状,每年到了评审的关键环节,会有接不完的电话、招呼不完的人情,令专家们非常为难。申报人在评审前通过各种渠道接触专家成为一种普遍现象,甚至在学科组评议之前,已掌握学科组专家全员信息。凡此种种,必然会在一定程度上影响评审的公正性。高校获得评审权后,评审过程的信息不对称有了极大缓解,申报人员和评审专家的距离缩短,但这不应成为影响职称评审的理由。专家评审是职称评审中至关重要的环节,无论在制度规定还是程序设计上,都应充分考虑专家组的科学性、合理性、安全性,以确保评审结果的公平性、权威性。

四、职称的权威性遭遇挑战

职称评审权下放之前,地方高校的省级教育主管部门负责评审标准的制定、评审专家的遴选并组织评审等具体事务,评审标准和评审质量相对统一。教育主管部门和地方高校之间评审关系距离较远,主管部门作为职称评审工作组织单位,从评审专家库中随机抽取专家组成评委会,对来自地方高校的申报人员进行评审;同时,地方高校教师对具体的评审信息知之甚少,在这样的操作模式下,教育主管部门和教师之间形成了差序格局。地方高校获得职称评审权后,评审全流程在校内完成,打破了信息不对称的格局,反而对职称评审的权威性产生了挑战。

1. 横向比较,高校间的评审标准、评审质量相差较大

职称评审权下放之后,各高校对政策的理解和执行不一样,不同院校制定的评审标准差别较大。高校间彼此相对独立,在评价标准、评审结果等方面缺乏横向比较,执行过程中另有宽严之分,导致最终的评审质量参差不齐。这些差异可能是由于地区经济、教育水平、学科特点等的影响所致,如部分高校注重教学质量和教师的实际教学成果,而部分高校更加注重科研成果;部分高校可能对评审过程不够重视、对评审程序的严谨性和准确性把关不足,而部分高校对指标把控严格、淘汰率较高等,这些都会影响职称评审结果。

当教师在不同高校之间流动时,开始出现职称重新认定的情形,究其原因是地方高校的职称评审标准相差较大。同样都是教授职称,不同高校在职称评审标准、岗位聘任标准、聘期考核标准上,相差还是很大的,可能 A 校

的教授和 B 校的副教授在评聘标准上,差别不大,但是不同职级的待遇却相差较大,体现了职称公信力的下降。评审权下放前,省级教育主管部门的评审结果是权威的,人才跨省流动时绝大部分均予以认可;评审权下放后,虽然评审结果在省级教育主管部门予以备案,但地方高校的评审标准、评审质量等相差较大,很多地方高校对引进人才存在职称二次认定的情形,职称的权威性遭遇挑战。

2. 纵向比较,评审过程中的公正性体现不足

职称评审权下放后,评审关系推进到学校内部,教师对具体的评价标准、评审流程和评审专家都有了认知,会产生强烈的参与意识,职称评审中的公平公正问题也慢慢地暴露出来。

首先,形式上的公正,主要体现在评审制度的制定过程中,应该做到公开透明,让教师能及时获取信息,并充分了解评审制度的具体要求与实质内涵。而实际上,评审权下放至今,普通教师在评审制度的制定、修订、改革中几乎没有存在感。地方本科院校职称制度的制定,往往是人事部门牵头,组织相关职能部门和专家合议而成,过程中会有征求意见、教职工代表大会审议等环节,但基本是走过场,普通教师很难理解透彻,从而造成信息不对称。教师对职称制度掌握的多少,就意味着如何运用政策去竞争和博弈,决定着晋升的成功与失败。随着职称评审的推进,普通教师既没有参与权也没有话语权,甚至对淘汰没有知情权,只能被动接受制度的修改、评审的结果,这种现象并不合理。

其次,过程的公正,主要体现在制度的执行过程中。比如,高校职称评审通常采用三级评审模式,先由二级学院组织评议推荐,对申报人员按顺序进行推荐;再由学校学科组(学科相近的学院组成)对申报人员进行评议确认,按指标向学校专业技术评审委员会推荐晋升人选;然后由学校专业技术评审委员会评审。其中,每一环节的等额推荐即意味着一个明确的淘汰结果。比如,在评审过程中,二级学院的评议推荐存在等额和差额推荐,那么等额推荐部分尤为关键,如果二级学院评议不公正,会很难纠正,进而直接影响后续评审结果。事实上,样本中部分高校的职称评审权已经下移至学院,但二级学院的评审专家、学术评价、组织管理并不担负最终评审结果的科学性、合理性,这便产生了权责错位。从整个评审过程来看,职能部门制定评价标准、规则、指标,学院进行评审推荐,学校评审委员会在等额的基础

上确认、差额的基础上进行淘汰,可见学院的等额评审影响最终的评审结果且几乎不可逆。学校、职能部门、学院之间三级管理,每一级对评价标准的理解都不一样,一旦过程出现不公正,责任主体无法明确,救济制度无法及时保障教师权益,公平公正就出现了质疑。

最后,结果的公正,主要体现在监督过程上。申报人员的基本权利和利益得到保障,表现为把具有真才实学、水平最高的人员评选出来,实现任人唯贤、优胜劣汰,且申报人员对评审结果享有质疑、申诉的权利和渠道,并应获得反馈。结果公正,既要体现出选拔了优秀人员,又要防止对淘汰者的伤害,经得起质疑和诘问。但地方本科院校在职称评审中,由于评审专家的搜寻有限、利益冲突、行政干预等因素的影响,实际执行中,为了维护职能部门的公信力、评审结果的权威性,教师的申诉和质疑并不会改变什么,常常不了了之。高校在承接评审权的过程中,存在试错,教师的监督与质询是很好的纠错机会,应该予以回应。

本节从职称评审的操作流程上,分析了当前地方本科院校职称评审在评价标准、评价过程和评价结果中存在的主要问题。可以看出,地方本科院校在承接职称评审权的过程中,要逐步破除传统量化评价模式,实施代表性成果评价的新型评审模式,还面临困境和阻力。

第二节　地方本科院校职称改革面临问题的归因

高校教师职称评审的基本要求是客观、公平、科学、合理,要实现这些基本要求,是一项复杂且难度较大的人事管理工作。高校的职称评审工作根植于社会环境之中,受政策、环境、人情等种种因素的影响,在实践过程中会出现各种问题;同时,职称评审的评价内容是基于教师的教学科研业绩成果、学术创新、社会贡献等方面的评价,具有理论性、专业性、科学性等特点,评价标准很难把握。

地方本科院校的职称评审工作既关系到高校的长期发展,又关系到教师的切身利益,在高校中发挥着"指挥棒"和"风向标"的作用。地方本科院校获得职称评审权已有七年的时间,总结职称评审中存在的问题,以及是由什么原因引发的,是我们解决问题的关键所在。本节将从宏观、中观、微观三个层面来分析地方本科院校职称改革中产生问题的原因,为如何改进职称评审工作提供理论依据。

一、宏观层面:对高校的发展和评价呈现科研期待

中国的高等教育属于公益类教育,接受政府的管理和监督。一方面,政府在持续推进高校"放管服"改革,不断放宽高校的办学自主权;另一方面,政府也拥有"知情权、调整权、撤销权、督导权、奖惩权、异议权等权利"[①]。地方本科院校在发展过程中,受到教育主管部门的宏观调控,需遵循一定的规范和指导,这成为高校不断努力的方向。

1. 高校的经费拨款机制鼓励科研

在我国公立高校中,政府通过拨款的方式为高校提供教育经费。随着高校的迅速发展和经费需求的增加,政府无法满足所有高校对经费的诉求。因此,政府采取了一种基于梯度发展和重点扶持的原则来分配经费,即生均经费加专项经费的财政拨款制度。生均经费是按照每位学生应该拨付的经费与学生总数相乘所得的标准进行划拨,而专项经费则是根据一定标准进行划拨,标准体现为多个层面:一是按照高校类别进行划拨,如是否属于"985""211""双一流",部属、省属高校等;二是按照学校层次进行划拨,如学校是否具有博士点、硕士点,是否为大学等;三是为学校重点扶持机构拨款,如学校是否具有国家重点实验室、工程实验中心等。以上通常都会成为政府财政拨款的直接依据。仔细分析不难看出,这些标准往往以学校的科研成果和科研地位来衡量。

因此,高校的经费拨款机制实际上鼓励高校教师从事科学研究,并产出高质量的科研成果,以获取更多的教育资助,这就导致了地方本科院校对科研的重视和追求。职称制度作为高校人事管理的重要抓手,尤为体现出高校的发展目标所在,从而引发高校的"重科研"导向。

2. 高校的评估制度强化科研作用

2011年10月,教育部颁布了《关于普通高等学校本科教学评估工作的

---

① 谢锡美.教育公益信托:学校管理新模式[J].教育发展研究,2006(8):1-5.

意见》,文件明确提出,要"建立健全以学校自我评估为基础,以院校评估、专业认证及评估、国际评估和教学基本状态数据常态监测为主要内容,政府、学校、专门机构和社会多元评价相结合,与中国特色现代高等教育体系相适应的教学评估制度",简称"五位一体"评估制度。

"五位一体"的评估制度在促进高等教育质量提升的同时,也充分体现了高校科研的重要性。在这个评估制度中,科研作为评估的一个重要维度被纳入其中,以评估高校的综合实力和学术水平。首先,高校自我评估是"五位一体"评估制度的基础,而科研则是高校自我评估的重要组成部分之一。高校需要对科研工作进行全面评估,包括科研项目的数量和质量、科研经费的投入、科研成果的产出等方面。通过自我评估,高校可以了解自身的科研实力及发展状况,并制定相应的科研发展策略,以提升学术影响力和创新能力。其次,院校评估也将科研列为评估的内容之一。评估机构会综合考察高校的科研情况,包括科研团队的建设、科研项目的申报与执行、科研成果的转化等方面。评估结果将对高校的综合实力和学术声誉产生重要影响,因此高校需要加强科研能力的培养与提升,以获得更好的评估结果。此外,专业认证及评估也会关注高校的科研情况。专业认证和评估是对专业教学质量的全面评估,而科研作为支撑专业教学的重要组成部分,其质量和水平直接影响到专业的教学效果和学生的学习体验。因此,高校需要在科研方面取得良好的成绩,以确保专业认证和评估的顺利进行。最后,在国际评估中,科研也是一个重要的考察指标。国际评估通常会比较不同高校的科研实力和学术声誉,以评估高校在国际舞台上的地位和竞争力。高校需要通过开展优质的科研活动,与国际一流学府进行交流与合作,提升自身的国际影响力和竞争力。

可以看出,高校"五位一体"的评估制度强化了科研的重要地位。科研是高校综合实力和学术水平的重要体现,对于高校在教学、创新和社会服务等方面起到重要支撑作用。因此,在推进和落实评估工作中,高校必须重视科研工作的发展,提升自身的科研实力。

3. 高校排名引发的科研实力竞争

近年来,我国高校排名已经成为一种普遍现象,各种评价机构的数据不断涌现。虽然高校作为公共机构已经逐渐向社会开放,但他们的传统理念和保守态度依然存在,很难向社会公众全面展示其内部情况。评价机构对高校的排名发挥了较大的影响力。一方面,普通人对高校认知无门,往往凭借高校、机构发布的信息来选择高校和专业;另一方面,高校排名一定程度上反映了人才培养质量,企业在选拔人才的过程中,学校的排名常常发挥特殊的效应。可见,高校排名有其举足轻重的作用。

当前的高校排名虽然在评价指标的选择上存在差异,但却有相同的价值取向,即重视科研。以武书连中国大学排行榜为例,其主要围绕"人才培养"与"科学研究"两个一级指标展开排名计算;二级指标为本科生培养、研究生培养、自然科学研究和社会科学研究,分别赋予不同的权重;三级指标具体包括生师比、师资队伍配置、硬件设施、毕业生就业率以及论文等科研成果。其中,科学研究的权重高达42%,人才培养的具体指标中也包含了很多与科研相关的指标,如教师平均学术水平、研究生发表论文数、师资力量等。没有好的科研基础,教师的平均学术水平不会高,高校就无法获得硕士点,自然对研究生培养的指标为空白。

在当前的教育经费拨款机制下,具备良好科研基础的高校必然会获得更多的经费资助和物质资源,进而带来更好的办学条件;高校排行榜又再次强化了这种效应,带来更好的学术声望。因此,科研是高校发展中各项评价指标的基础,也是形成高校发展"马太效应"的逻辑起点;社会对高校的认知归根结底集中在高校的科研成果方面,这导致高校对科研的重视不断加码,地方本科院校更是无法摆脱这种态势。

二、中观层面:引发职称评审异化的关键所在

我国高校教师的职称制度先后经历了任命制、评定制和评聘制,最初启用职称是为了解决教师的工资待遇问题。虽然高校的岗位聘任工作已实施十余年,相关制度中不乏"能上能下""高岗低聘""评聘分离"的提议,但对于地方本科院校而言,岗位聘任中"职称低聘"的情况仍为极少数,职称实行终身制并执行"评聘结合"。职称对于高校教师来说意味着待遇,虽然岗位聘任改革后有绩效工资作为调剂,但在职人员的基础工资仍以职称为计算标准,且退休人员的待遇以职称职级为唯一计算标准。地方高校的职称改革要求破旧立新,与之相关的制度、理念、权益等却未能同步改革到位,在种种因素的共同作用下,职称评审制度的改革和执行很难到位。

1. 行政权力干预职称评审

作为一种特定的社会组织机构，地方高校需要从社会以及各级行政部门获取政策支持和资金支持，所以外部的行政权力会介入地方高校的运作中。同时，地方高校在办学过程中，行政权力作为强势力量会渗透到校内各项管理工作中。在职称评审工作中，行政权力与学术权力共同影响着评审结果，从而引发一系列问题。

（1）评价主体偏行政化

我国的社会结构泛权力化，尽管高校一直在推进学术治理并强调学术权力，但核心发展因素仍然是行政资源，其他资源都依附于行政资源的发展。高校内部的评估和利益资源分配都以行政级别为基础，这暗含着高校的潜规则，只要在学术上有造诣并拥有行政权力，就能获取各种学术和非学术资源。地方高校学术委员会成员中，拥有行政身份的人员占据多数，无论什么样的决议规则，行政人员的占有率都明显高于普通教授，在数量上占据绝对的优势，这也是职称评审偏行政化的根源所在。

（2）评价标准难以破旧立新

我国高校教师职称评审的标准始见于1960年颁布的《关于高等学校教师职务名称及其确定与提升办法的暂行规定》，其评价标准主要包含德、能、勤、绩几个方面。经过半个多世纪的演变，评价重点在于"绩"的变化，对于业绩的评价标准越来越具体、细化。换言之，高校教师的职称作为一种专业技术任职资格，是专业能力、技术能力的象征，如果将教师的德、能、勤赋予较高的评价权重，能否体现其专业技术能力，难以判断，该做法似乎也不妥。所以，我国高校教师职称评价标准从诞生起，其蕴含的价值判断就倾向于业绩识别，而在业绩评价中，对科研业绩更是情有独钟。

在过去相当长一段时间里，地方本科院校的升格发展、晋位争先归根结底主要看科研指标，如高水平论文数量、高级别项目和奖励等。作为高校的领导者，学校发展的指标会分配到相关管理工作中，科研指标无疑会被纳入教师的学术评价体系中。量化评价之所以会在高校职称评审中盛行，一方面与高校的排名、学术漂移的简单复制、聘期考核等高校的绩效考核息息相关，另一方面量化评价成为"公平、公正、客观"的象征，从表面上看排除了人情因素的干扰，用量化指标衡量出教师学术成果的高低之分更显刚性，但也存在无法反映出教师的学术影响力、社会贡献度、知识创新性的弊端。

地方本科院校的职称评价体系从制度来源、内外发展要求、行政管理绩效上来看,"破五唯"本就很难,加之"立新标"尚未有着落,"新标"立完后能否确保学校整体科研水平持之以恒地输出,并不明确。所以,地方本科院校的职称评价标准以"稳"为先,改革比较缓慢。

（3）评议过程出现领导者效应

虽然每一级的学科评议组由行政人员和普通教授综合组成,但是担任组长的往往是职务级别最高的行政人员。在职称评审中,个人的认知范畴、知识体系和学术能力是有限且相对主观的,因此采取集体决议的方式增强专家间的交流,确保学术评价的科学性、合理性、客观性和全面性。当学科评议组中存在有主导倾向的领导人,在进行合议时,普通教授会形成对领导的维护而进入附议,不会特别提出自己的观点。因此,真正影响评审结果的是学科评议组组长,即学校校长或学院院长,可能使评审结果的公信度失真。

同时,领导者效应会强化某一学科的发展。部分地方高校会出现这样的现象:高校行政领导所在的学科往往会受到更多的重视,得到较好的资源和发展。在职称评审中,领导者偏向某个学科,给予更多的支持、分配更多的指标,就意味着其他学科被侵占资源,从而加剧学科发展的不平衡。这种偏向导致优势学科获得更多机会和资源,进一步强化其地位,而其他学科难以得到发展和提升。

2. 高校内部存在资源博弈

高校内部的利益主体以各二级学院、行政部门为主。二级学院被视为一级管理组织,并成为学校的重要管理主体,随着学校管理重心不断下移,二级学院拥有了更多的权限。职称评审权下放后,地方本科院校的二级学院一般负责两种推荐:等额推荐和差额推荐。等额推荐即变相拥有了教师的职称评审权。

在职称评审指标有限的情况下,职称评审成为二级学院资源争夺的主战场。对于学院来说,教师职称晋升在学科建设、师资队伍建设、科研建设等方面均有利于学院的发展,代表了学院整体实力的提升。作为学校整体而言,每年的职称评审指标有限,即便实行分类评价,不同学科制定出不同的评价标准,也无法满足要求。因为不同学院之间的竞争不具有可比性,但在指标受限的情况下,却又存在不同学院之间竞争的悖论局面。普通教师的职称评审最终上升为学院之间的竞争,会出现弱势学科与优势学科之间的竞争、文科与理工科之间的竞争、教学为主型和科研为主型之间的竞争等若干类别的交叉竞争,虽然与分类评价的本意相违背,但地方本科院校的职称评审中已出现此类情形,这种竞争最终沦为利益对抗,至于结果的合理性无从评判。

地方本科院校的职称评审牵扯到的竞争关系存在于学院与学院、学院与专家、学院与教师、专家与教师、教师与教师之间,身处其中的每个角色都有自己的立场、想法、认知和态度,评价环境变得繁杂纷乱,同时夹杂着若干利益诉求、价值诉求和人情关系,就会出现各种纠葛,从而形成引发职称评审中各种问题的诱因。

3. 人事管理中对职称重评轻用

在高校没有实行岗位设置与聘任改革之前,职称的作用主要在于兑现工资待遇,职称晋升后即终身享受对应待遇。从在职时间、职称晋升时间来看,普通教师晋升职称是性价比极高的,晋升后待遇提高且没有任何考核上的后顾之忧,所以看上去就是教师们做着同样的工作却享受不同的待遇。从 2000 年左右开始,高校实行人事制度改革,其中一项重要的改革是改变职称"评而不用"的状态,改为评、聘、考核一体,将职称的"评"和"用"结合起来,并对不同职称、职级制定了对应的考核指标。地方本科院校的岗位设置、聘用与考核大约在 2010 年左右全面推行,在实际执行过程中,虽然复制了聘用、考核的精神,但整体上职称的评审难度远远大于考核难度,职称晋升后的压力犹如"轻舟已过万重山",这也是地方高校教师对职称热情不减的原因所在。

以某高校副教授的聘任条件和评审标准为例,聘任条件远低于评审条件,两者相差较大。该校岗位聘期为三年,副教授基础岗的聘任条件如下:取得副高级专业技术职务任职资格,服从所在教学院部的教学工作安排,完成额定教学、科研工作量。上一聘期内教学科研业绩良好,聘期考核结果为合格以上等次,且有能力完成本轮聘期的岗位职责要求,具体为积极申报市厅级及以上教学、科研项目,参加学术创新团队,撰写高水平学术论文、论著;承担研究生、本科生的授课任务,指导研究生,完成规定工作量,努力形成有特色的教学方法;积极参与学科建设、教学改革及其他公益活动。可以看出,对论文、科研项目等都没有硬性要求,难度系数最高的在于"额定教学、科研工作量",教学工作量基本都能完成,科研工作量的计算是基于教师取得的成果,如项目、论文、项目经费以及奖项等进行赋分,在推进二级学院管理后,科研工作量的计算不再具体到教师个人,理论上来讲,副教授基础岗完成额定教学工作即可完成聘期考核任务。而副教授的评审条件:首先要求在省级期刊发表专业研究论文5篇以上,其中核心级别期刊论文不少于3篇;其次要求在项目、获奖、指导学科竞赛、横向经费、人才称号等成果中具备2类。职称评审条件对需要具备的科研业绩明确、具体,尤其是论文,要求几乎是每年发表1篇,与聘任条件相比,立分高下。与此类似的对比,也体现在教授岗位的评审和聘任条件中。

以硕士研究生毕业后入职高校来计算,其在职时间大约为30年左右;按照职称评审文件中对任职年限的要求,从助教逐级晋升为教授,至少需要12年的时间。以博士研究生毕业后入职高校来计算,其在职时间大约为28年左右,入职初定为讲师,从讲师逐级晋升为教授,至少需要7年时间。无论从时间的付出与回报的性价比来看,还是从职称晋升、聘期考核指标的不对等来看,教师晋升职称后存在"躺平"现象与职称"重评轻用"存在关联。

4. 学术期刊的供求失衡

根据教育部发布的《2022年全国教育事业发展统计公报》可知,截至2022年12月,我国高校的专任教师数已达197万人。在高等教育中,2022年研究生招生124.25万人,比上年增加6.60万人,增长5.61%;其中,博士生13.90万人,硕士生110.35万人。在学研究生365.36万人,比上年增加32.12万人,增长9.64%,其中,在学博士生55.61万人,在学硕士生309.75万人。

仅高校中存在发表论文需求的人数已达500万之多,尚不包含行政管理人员,根据数据统计,每年还有增量需求。根据中科协发布的《中国科技期刊发展蓝皮书(2022)》,截至2022年底,我国科技期刊总量达5 071种,其中,基础科学类1 570种,技术科学类2 271种,医药卫生类1 152种,综合性科学类78种。高校中论文发表的需求和国内与之相匹配的期刊发行总量相比,二者间明显失衡;如果再追求高质量、核心期刊的发表,更是难上加难。

一方面,在核心期刊上发表文章,不仅需要考虑学术创新性,还要考虑期刊的要求、偏好以及最新热点等,甚至有时教师对期刊的期望超过了论文本身的价值。因此,在进行论文发表时,教师常常以学术期刊的标准、取向和发表要求作为选题依据,而非个人学术背景、研究优势和学术兴趣,教师对论文发表的需求严重掩盖了对学术发展的需求。另一方面,在供不应求的情况下,高校教师要想发表论文,除了论文本身的质量要过硬以外,还需要依靠其他外部因素的支持,如作者的职称、所在单位的层次、关联课题的级别等,如果没有这些外在因素的加持,教师在职称评审或聘期考核的压力下,可能导致其对学术的追求背离本意、偏离初衷,从而削弱学术价值和意义。

5. 第三方评价机构建设不到位

《关于深化高等学校教师职称制度改革的指导意见》中提出"完善同行专家评议机制,健全完善外部专家评审制度,探索引入第三方机构进行独立评价。给内、外部评审专家预留充足时间进行评鉴,引导评审专家负责任地提供客观公正的专业评议意见,提高职称评价的科学性、专业性、针对性"。

从实际情况来看,多数高校因新冠疫情的出现,部分环节采用第三方机构评价,如校外同行专家鉴定环节由第三方机构完成,其余仍由学校组织评审。这是因为一方面,地方本科院校职称自主评审的时间并不长,评审制度、评审程序、评审方式等刚刚建立稳定的体系,受传统评审模式的影响,以及与第三方机构尚未建立信任,完全采用第三方机构评审的局面尚未成形。另一方面,目前市场上第三方评审机构的质量良莠不齐,实践过程中仍有诸多问题未能解决,如第三方机构往往是基于某一种操作模式进行开发,但地方本科院校的层次、评价标准均不一样,无形中都被某种标准固化;再如对第三方机构的评价和监督缺位,教师信息的保密性、操作流程的规范性、评审结果的公信度等都有存疑,一旦出现问题,后果不堪设想。

地方高校职称评审中不可避免地有较多人情因素的干扰,采用第三方机构评价无疑可以回避掉人情的因素。但第三方评价机构发展迟缓,既存在评价制度不健全,也存在评价的专业性、科学性认可度偏低等问题。如果高校及时更新观念,借助第三方评价机构完善学生评价、教学质量评价、师德评价等棘手问题,间接推动第三方评价机构的发展,将有利于缓解职称评审的压力。

总体而言,地方本科院校的职称评审存在评审后反馈不足的问题。一方面,职称评审的所有评价内容都是基于既有成果,如论文、项目、教学、获奖等,评价方式侧重于期刊的层次、项目的级别、到账经费的多少;另一方面,职称评审作为一种价值判断,对职称晋升后的学术持续生产能力、知识贡献、成果转化、社会贡献、学生评价等没有评估和反馈,职称评审只注重评价,不注重考核,岗位聘任考核指标与职称晋升条件之间存在较大的差距。

三、微观:个体对待职称的价值观转变

教育部在《关于深化高等学校教师职称制度改革的指导意见》中,明确要求"完善信用和惩戒机制",建立"申报教师、评审专家及相关人员诚信承诺和诚信信息共享机制"。职称评审权下放以后,职称评审的全流程在教师的工作中近距离、重复出现,一定程度上强化了职称的地位,也导致个体在职称评审的观点上发生了变化。

1. 教师学术诚信缺失

个人诚信是道德范畴中的重要概念,它包括个人认知诚信、个人动机诚信和个人行为诚信。认知诚信是诚信的基础,指一个人对待知识和事实时的诚实态度。动机诚信则是将认知诚信转化为行为诚信的关键环节,体现了个人内心真实意愿与外在行动一致的品质。而行为诚信则是诚信的最高层次,是个人道德水平的现实表现。

在高校教师学术评价过程中,个体诚信问题不仅涉及被评价者,也牵扯到评价者。被评价者可能违背诚信原则,采取不端手段来获得有利的评价结果,包括学术造假、学术不端等不诚实行为,提供虚假的评审材料,拉拢、贿赂专家来获取有利的评价结果等。专家方面的诚信问题主要体现在摒弃客观公正的评价原则,不能坚守公平正义的评价准则,以及未能恪尽评价者应尽的职责、义务等。专家们的主观偏见、不公正行为或利益冲突可能影响对申报人员的公正评价,损害整个职称评审的公信力和权威感。个人诚信问题的存在,严重威胁着职称评审的真实性和公正性。

个人诚信缺失构成了职称评审中的个体诱因,主要体现在以下两个方面:

一是个人诚信教育不足。我国历来重视道德教育,但聚焦诚信教育尚有较大不足与缺憾。从学校教育层面来看,诚信教育理念陈旧落后、诚信教育局限于理论灌输以及学校学术诚信教育的缺失,是当下学术评价问题频出的直接因素。诚信教育一直被忽视、被边缘化,始终停留在喊口号的层

面。在实际的教育过程中,诚信教育往往嵌套于其他课程体系中,如作为思想道德修养的部分内容;诚信教育的形式通常是出现在学校的宣传标语上,教育效果微乎其微。当前,高校学术诚信教育并没有形成具有实效性的诚信教育体系,没有形成较为完备的诚信教育规章制度,没有形成完备的高校学术行为监督、失范行为惩戒的有效机制。高校关于个人诚信、学术诚信、道德规范的社团活动、主题活动等也相对较少,不足以引起教师及学生的关注。

伴随着社会信息化发展,高校教师的学术需求被充分发掘,教师们经常被各种第三方学术代发机构侵扰,在多重利益的诱惑下,学术失信事件时有发生。所谓"德高为师,身正为范",高校教师的言行具有明显的示范引领作用,然而近年来高校教师学术造假、学术不端等事件的发生,严重影响了高校在社会中的声誉和形象,事件背后的深层次原因值得我们思考。

二是个人诚信体系不完善。社会诚信系统由每一个完善的个人诚信体系组成,个人诚信体系仅是社会诚信系统中的组成分子。我国的个人诚信体系已经取得了很大的进展,设立了各种诚信黑名单以制约个人的失信行为,但整体而言我国的个人信用制度还处于初始阶段,诚信体制仍然不彻底、不完善。

《关于深化高等学校教师职称制度改革的指导意见》中规定:"申报教师职称评审中存在弄虚作假、学术不端的,按国家和学校相关规定处理。因弄虚作假、学术不端等通过评审聘任的教师,撤销其评审聘任结果。"调研地方高校职称评审中关于学术诚信方面的做法,一般是与申报人员签订"诚信承诺书",相关惩戒规定为出现违反师德行为,或有谎报资历、业绩,剽窃他人成果等弄虚作假行为的,实行"一票否决制",申报终止及延迟 3 年以上申报。学术不端、弄虚作假等行为有较深的隐蔽性,不借助专业的工具并不容易被发现,且目前没有建立学术失信系统,也不存入个人档案,即便有过学术失信行为也不会产生太大的影响。在个人诚信体系不完善的情况下,学术诚信主要依赖个体的道德约束。高校通过教师签订"诚信承诺书",规避了学校未能及时发现学术失信行为的责任,转移为一切"后果自负"对教师形成约束,效果并不理想。

2. 评审专家的学术诚信记录不完善

教育部在《关于深化高等学校教师职称制度改革的指导意见》中,明确要求"引导建立学术共同体自律文化,建立完善评审专家的诚信记录、利益冲突回避、履职尽责评价、动态调整、责任追究等制度,严格规范专家评审行为"。但观察地方本科院校的职称评审工作,发现对专家的约束除了"回避原则"外,在其诚信记录、履职尽责评价、责任追究方面的制度建设近乎空白。无论是国家层面还是学校层面,都一再强调职称申报诚信机制建设,完善诚信承诺失信惩戒机制,但学术诚信的要求并不是只存在于申报教师中,还存在于评审专家中,专家的学术诚信主要体现在学术评价中。

评审专家在某一学科拥有重要的话语权,进而影响学术评价的走向和结果,具有一定的权威性和影响力,没有诚信记录,对学术评价可能造成的影响有:

(1)学术权力导致学术服从。学术评价中的服从现象涵盖两层意思:一是遵从,即评价者和学术权威同时作为学术评价的主体时,鉴于对学术权威的尊重和敬仰,可能会对学术权威唯命是从,下意识地遵循他们的观点,顺承权威的话语,进而给出与权威相同或相近的评价意见。二是盲从,即以学术权威的观点来作为自己评价的标准,视为自己的评价尺度,并非经过自己的思考而是盲目地认可学术权威的观点。特别是刚刚接触高级别学术奖励和学术项目评定的青年学者,通常会形成这种学术评价思维定式。不论是遵从还是盲从,都是在学术评价活动中缺少自己的独立判断、深度思考的一种表现。

本质上,学术评价应该是评价专家根据评价标准对标被评价者的学术成果,并做出科学、合理的价值判断,应该是基于求真、求实的目的,而不是瞻前顾后、束手束脚,背离学术评价理念。从现实情况来分析,学术服从很可能会引发学术评价观点的大一统、评价标准的整齐划一,极少出现各抒己见、畅所欲言的情况,难以出现不同的价值判断,如此一来,不利于学术的创新发展,不利于在思维碰撞中生成真正有价值的、有意义的、有创造性的学术成果[①]。

(2)学术权力催生学派斗争。同一学科领域存在诸多学派,学术派别的产生能促进学术繁荣、提升学术评价。透过不同视角、利用不同方法、通过

---

① 郑维群,曹如军.学术权威视角下的大学教师学术评价[J].长春大学学报,2020,30(2):62-66.

不同维度,对某一学术问题进行系统而又深刻的研究,从而会形成比较系统、丰富、完善的知识体系;同一研究领域存在多种学术论证,相对减弱了学术评价中的权威力度,有助于学术研究的持续化发展,也可以促进形成多样化的学术评价体系。但是,学术派别的产生对于学术繁荣和学术评价也可能会产生反向的作用,不同学术权威构成的学术派别,由于彼此之间在学术观点上存在着差异,极有可能产生门户之见。并且,成员之间会有不同的好恶,并且持有偏见、相互轻视,导致学术评价理念存在偏差,催生学派斗争,无法进行正常的学术交流。这也导致在高校教师学术评价活动中,因为评审者出于学派的门户之见,对观点相左者,一律加以否决。譬如在职称评聘、岗位竞聘等环节中,不同学派申请者针对同一学术问题,会有不同的观点或不同的阐释,如果此时同行专家因其与自身知识体系、话语体系不相符而做出负面评价,对于评审专家来讲可能只是一个评价而已,但对于职称申请者来说,这个评价很可能会影响其今后的专业发展,更有甚者会对该申请者的学术发展带来终结性的影响。

本节内容对地方本科院校职称改革中存在的问题进行了分析,分别从宏观、中观、微观层面分析了问题的来源,以期通过定位原因,找准问题突破口,为地方本科院校如何做好职称改革工作提出建议。

第三节 关于地方本科院校职称评审制度改革的建议

一、维护职称评审中学术权力的主体地位

从理论上来说,教师职称评审中的学术评价应该由学术权力主导完成。而实际上,地方高校的职称评审中存在学术权力、行政权力等多种权力的交织,甚至行政权力凌驾于学术权力之上,二者之间的博弈会让学术评价失去真实意义。由于高深知识的专业化、精深化,评价主体对自己领域外的学术成果难以做出科学、合理的评价,所以研究领域相同或相近专业的专家因为专业背景而成为学术共同体,学术共同体在学科领域内开展学术评价,但地方高校中行政权力的强势会导致学术权力无法全部兑现,如量化评价便是

行政管理模式所致。

从长远利益来看,只有当学术共同体作为评价主体时,才符合教师学术产出逻辑、迎合教师学术发展的价值诉求,才能让学术评价体现权威。高校教师职称评审中应该充分发挥学术共同体在制定学术评价标准时的主体性作用,坚持科学、合理地制定分类评价标准,充分尊重学术本质规律,认真听取同行专家对于学科发展趋向的研判,建立发展潜力和业绩水平相结合、针对性和科学性相结合、定量与定性评价相结合、动态性与调整性相结合的评价标准,才能保证评价制度的科学性、合理性和权威性。同时,学术共同体的评价结果对教师会产生很大的影响,必须接受程序规制,按照行政部门的管理规定、学术共同体内部的规则开展评价活动,并接受公众的监督,防止学术腐败、权力寻租现象的发生,确保评价的公开、公平、公正。

地方本科院校职称评审中的学术权力主要存在于校级学术评审委员会和院级学科评议组中,为保证学术权力的行使到位,校、院两级需合理分配权限、承担相应职责,建立起一套权责明晰、运行有效的学术评审组织系统,而非成为行政管理的支配对象。

1. 健全学校层面的学术评审委员会

学校学术评审委员会作为职称评审的重要机构,其最主要的职责是制定评审标准和规则,而不仅仅是参与评审。因此,学校学术评审委员会承担的职责不仅仅是对科研业绩的评价,还应该对学术的创造性、应用性、影响力等进行综合评价,所以职称评审中的评价标准和规则不该完全让位于人事部门或职能部门。仅仅以学科为基础的评价标准,则很有可能存在本位主义,因为每个学科都想在学术评价中占有优势、获得更多的资源。所以,地方本科院校的学术评审委员会应该按照学校的办学目标和整体利益来指导教师学术评价的方向、原则和思路,以便维系不同学科之间的平衡和公平。

为了更好地发挥学校学术评审委员会的职能,在组建时应注意规避行政权力的干扰。第一,合理设置不同学科的成员结构比例。高校的学科发展存在不平衡性,重点学科、优势学科的专家数量相对较多是常态,但职称评审中除了学科的评价标准不一样以外,每个学科组的专家组成、评审规则、评审流程均是一致的,不能因为学科弱势减少学科专家。第二,控制好行政人员的比重。对既有行政职务又具高级职称的“双肩挑”人员,不能简单归入所属学科,同时对此类人员应设置一定的比例。“双肩挑”人员占据专家席位过多,则难以避免行政权力对学术评价的影响。第三,赋予委员会所有成员平等的投票权和话语权。在职称评审相关的评议中,委员会所有成员均有同等的表达权,也有一人一票的投票权,在组长的设定、专家评议方式、投票表决模式等方面,应规避可能产生主导思想的行为,让专家有独立评价的自由。

2. 合理赋权学院层级的学科评议组

从样本中可以看出,地方本科院校职称评价标准仍然以数量、期刊级别为主导。如果高水平的学术论文发表在低级别的期刊上,那么论文的质量将很难得到专家认可;反之,低水平的学术论文发表在高级别的期刊上,则很少会有专家批评论文质量低下。针对评价中出现的逆向选择问题,完善以学科为基础的院级评价体制,充分发挥二级学院学科评议组的作用,可以规避外行评价内行的风险,也是倡导建立校内学科期刊目录的原因所在。

从地方本科院校职称评审的运行和管理体制看,二级学院一般都设有学科评议组,一种是独立型,一种是合并型,无论何种方式,职称评审模式都是相似的。在校院二级管理体制下,即便二级学院成立了学科评议组,并不代表以学科为基础的高校教师学术评价体系的健全,因为二级学院的学科评议组只为职称评审设立,再无其他作用。要想真正地发挥学院学科评议组的作用,应该明确学院学科评议组的职责,给予其合理的权力。具体来说,应该赋予院级学科评议组以下权力:第一,基于学校制定的学术评价相关规则,根据所涉学科的实际情况,制定学术评价规则。比如,制定明晰的学术行为、学术态度以及学术成果的所占权重,教师教学、科研、社会服务、培养学生的权重。这样的评价规则不仅适用于职称评审,在岗位聘任、绩效考核及其他学术相关的评价中都具有重要参考价值。第二,根据制定的评价规则,组织学术评价,对申报教师的学术成果进行初步认定。根据评定结果的高低,向学校择优推荐,予以公示并接受监督。学术权力同样不可滥用、乱用,作为学术评价的第一道把关人,学院学科评议组最有发言权,也应该开诚布公地接受教师的质询、批评和建议,确保公平、公正、公开。

二、扩大职称评审中教师的参与度

职称评审是每一位高校教师经历多年的努力和奋斗,希望获得认可的历程,是个人职业生涯中重要的组成部分,一旦晋升失败,往往导致意难平和不公平感,这也是高校职称评审承压的原因之一。"把公平纳入制度设计和制度安排之中,这是高校教师职称评审制度的内在要求"①,也是地方高校职称评审中需要坚守的重要伦理之一。扩大职称评审中教师参与的本质在于教师成为决策主体分享教育决策权,主要包括两大方面的内容:一是强化高校教师职称评审相关政策制定中的教师参与,二是强化高校职称评审过程中的教师参与。

1. 制度制定中的参与

当人们认识到制度制定的决策程序是公平的时候,他们会受到更多的激励。而目前地方高校职称评审制度的制定,包括申报条件的制定、投票规则的设定、评审专家的遴选等全部由职能部门完成,教师没有参与制定的过程。

在职称评审制度制定中,作为个体的高校教师参与其中不仅难度较大而且也很难反映教师群体的整体利益诉求。由于群体化的利益诉求往往更容易得以实现,所以要从增强教师群体影响力着手。教职工代表大会是教职工参与学校民主管理和民主监督的基本形式,应当完善教职工代表大会制度,夯实教职工代表大会的民主参与权利,切实发挥其作用。

由于专业技术评审学术委员会的成员都是教授为主的精英群体,普通教师的建议和意见很难被接纳,故在校级层面强化高校教师对职称晋升制度的影响力,重点在于完善教职工代表大会制度。首先,明确教职工代表大会的校、院两级或多级设置;规范组成人员中年轻教师、中初级职称人员、教学为主型教师的比例,让普通教师有表达诉求的机会;强化民主导向的提案法则和议事规则,突出职称制度建设中普通教师群体的民主参与权利。其次,积极倡导和鼓励在学院内部就职称评审制度建立提议机制,设立意见箱或定期征集建议,对于院系教师提出的建议,经院系教职工代表通过后提交至管理部门,管理部门进行汇总、整合,再将提案提交至全校教职工代表大会进行讨论、审议和决策;与教师职称评审相关的制度决策,应当征得教职工代表大会通过,适当增加教职工代表大会召开次数或增设教职工代表大会职称改革常务委员会,并提高职称评审制度中通过比例的要求。

---

① 赵梁红.基于公平的高校教师职称评审制度的构建[J].中国高教研究,2009(11):64-66.

2. 评审过程中的参与

（1）提高基层民主测评的效用。理论上，民主测评是最能了解申报人员平时师德师风、工作表现、工作实绩、社会服务等方面质量的流程，从目前的基层民主测评结果来看，同质化现象很严重，"好人"现象严重，结果便是无实质作用。目前，地方本科院校在民主测评基本是采用定量的测评方式获得一个结果，但这个结果又不能显示出申报人员之间各方面的区别，对后续的评审环节没有发挥出该有的作用。民主测评是普通教师参与职称评审的基础环节，可以适当予以改进，如给出具体的基层评价和量化打分，在学科组评审时提供参考，发挥其应有的效用。

（2）健全反馈机制。健全职称评审制度中的反馈机制，让高校教师改进建议的声音能被制度的制定者听到并有所回应。加强评审意见的反馈机制建设，一是在修订职称评审制度之前，借助媒介力量，释放改革信号，广泛征集意见，并适时对教师关注的热点问题进行回应；二是在制度制定过程中，对于征集到的意见和建议，予以重视和回复，让普通教师了解建议是否被接受以及被否定的原因，这样才能提升教师的积极性与参与感；三是在制度制定过程中所参考的重要数据及来源，应予以公开说明，增加权威性和透明性。

对于教师而言，职称评审不应该仅仅是管理部门和评审委员会的事情，更是教师有更多展示和表达自己的空间、有更多了解竞争对手的机会，扩大教师的参与度，消除因为信息不对称造成的臆想，能够让职称评审工作释放出部分压力。从制度制定的角度看，职称制度作为一项与高校教师职业发展密切相关的制度，教师群体在宏观政策与微观管理中的参与感，有利于教师群体的利益保障，也有利于提升职称评审制度的民主性和科学性，更有利于职称评审制度的改革与发展。

三、明晰代表性成果评价的重点

高校教师职称评审中的分类评价，从评价的外延上讲，不仅是对研究成果本身的评价，还应包括对人才培养达成度、学科建设支撑度、社会发展影响度的评价。从评价内涵上讲，既要坚持学术创新质量、贡献为核心的价值导向，又要开展多维度、多层次差别化评价。

地方本科院校经历七年的改革,推行代表性成果评价的框架已基本到位,但在具体评价内容上尚未体现出与传统评价的区别,尤其在校内、校外同行专家评价环节,依然秉持传统的论文、项目、获奖等大类评价,并未体现不同类型的评价特征。

1. 明确分类评价的重点

具体而言,论文论著等基础型研究成果旨在探索事物的真理和本质规律,重点在于评价其创新性和贡献度;研究报告、政策咨询、行业标准等应用型研究成果旨在提供预测和方案,重点在于评价其价值和应用前景;应用技术与开发研究成果旨在采用新技术后产生的经济、社会效益及影响,涉及应用推广、市场检验等多方合作,不应以简单一方出具的说明为证,应结合第三方评价机构的意见;作品类、网络类文化成果重点在于评价其影响力和传播度。职称评审中,不能用同样的评价标准去衡量所有的成果,也要逐步减少学科之间的交叉评价,提升分类评价的专业性。

2. 评价结果应当具备比较和甄别的功能

"基础研究侧重于对根本问题的原创性研究……政策研究侧重于政策的可行性和社会合法性研究……实践研究侧重于理论知识的实践应用"[①],即基础性的学科讲求探究知识的本源性,遵照内生性的规律来评价教师时,应该尊重知识产出的价值和影响力。应用性的学科应该讲求知识的实践价值和现实价值,坚持以实际贡献和产生的社会效益为评价导向。可见,不同学科间在知识结构、培养目标等方面存在差异,其学术产出形式和影响因素均不同,学术评价应体现出区别。

评价不同类型、不同学科的代表性成果,应体现出彼此间的差异和特色,而不是简单的教学为主型即教学成果优秀,科研为主型即科研成果卓越,否则在越来越复杂的评价环境中,代表性成果评价会逐渐丧失其比较和甄别教师学术能力和发展潜力的价值,让位于其他更具显性功能的评价指标,如工龄、学历、职务等,甚至沦为行政权力的使用工具。具体来说,一是同行评价专家要通过代表性成果对申报人员的学术水平、实际应用价值、创新能力、社会效用等进行描述说明和评价。二是学科组评议中应辅以一些客观的、有价值的信息和数据,如学校审核过的教学工作量、民主测评情况、

① 孟照海,刘贵华.教育科研评价如何走出困局[J].教育研究,2020,41(10):11-22.

科研成果、学生评价等,根据不同申报类型选取相应的评价指标,供学科组全方位评价,职称评审并非全然依赖于学术评价,否则科研为主型胜出概率最大。实行分类评价,应当体现出评价的分类特色所在。

3. 重视学术积累

代表性成果评价既要重视代表作成果本身,也要重视学术的积累。"不积跬步,无以至千里",高校教师要写出好文章,多写是唯一必经之路,大体要经历从发表差的论文开始,日积月累,慢慢从量变到质变,学术水平才会有所提升,尤其是人文社科领域。高校职称评审要重视代表性成果,鼓励教师从容思考,要有"十年磨一剑"的长周期精神,产出重大的、具有原创性的科研成果,也要重视论文、项目的过程积累,二者相辅相成。

推行代表性成果评价,并不是完全摒弃量化评价,数量和质量都有其意义和价值所在,就如期刊的级别并不能完全代表论文的质量一样。如果教师没有经过一定的学术积累,直接产出高水平的成果,反倒令人生疑。重视学术积累,破除职称评审中以代表性成果评价的名义将期刊级别、项目级别作为主要评价标准,遵循学术研究的客观规律,才能维护教师的学术道德。

四、职称评审信息化建设

大数据、人工智能等信息化技术的发展,可以优化现有评价方式中重复采集信息、填报不准确、职能部门重复审核等问题。大数据在教师职称评审相关信息的采集中,具有采集非结构化和半结构化数据、挖掘隐性和滞后性学术价值、实现学术研究效益多维度的数据提取、搜集研究成果隐性价值等功能。

职称评审的基本流程一般为个人申报、职能部门审核、校外同行专家评价、校内学科组评议。传统操作模式下,每个环节都存在很多重复劳动。构建大数据平台,整合校内部门的信息,合理划分使用权限,实现信息共享,可以解决很多传统模式下的疑难问题:(1)充分调取教师的基本信息和教科研信息等,既保证相关信息的真实性与准确性,又避免各部门间反复流转审核。(2)保证填写的规范性和统一性,避免个性化输入。(3)便于信息传递与反馈。教师在申报过程中会出现很多共性的疑问,传统模式下点对点沟通,信息不对称或者时滞性现象时有发生。信息化系统既便于一对多的信息传递,又能及时获取反馈情况,极大地提高了组织部门和教师的信息沟通效率。(4)实现信息化评审,校外评审专家不再受时间、地域所限,也可避免过多的人情干扰。同时,运用大数据、人工智能可以实现深层次的分析。以论文评价为例,评审专家除了可以通过期刊级别、论文下载次数、引用率等方式获取基本数据外,还可运用大数据技术深入分析论文的引用内容,通过对引文内容情境、上下文的关系、引用动机的分析,精确地评价论文的学术价值,实现评价理念由数量到质量的转变。

构建贡献为基、学术创新为本、数据为辅的职称评审方法,提升评审的质、量、类别三大依据之间的融通性,是职称评审信息化建设的关键所在。大数据的应用可以减少重复性劳动,促使教师将注意力转向实质性研究或成果转化,管理部门极大地提升工作效率和工作效果,评审专家能够在有限的时间、空间里全方面了解申报人员的科研成果和业绩效果,多角度评价有机结合。信息技术是完善学术评价的有力保障,能够为学术评价的科学性、客观性、创新性提供支撑,是提高学术评价质量的重要举措,高校应重视职称评审中大数据的开发、模型构建等信息化建设,提升评审质量。

五、完善监管机制,保障评审权合理使用

地方本科院校取得职称评审权的时间较短,在评审政策、组织程序、评审权限等方面的运用尚未成熟,自职称评审权下放以来,教育部、人社部下发了《高校教师职称评审监管暂行办法》、教育部办公厅下发《关于落实高校教师职称制度改革要求加强监管服务工作的通知》,各省市也积极响应并制定出台具体细则,如江苏省人社厅、江苏省教育厅先后发布了《关于建立健全高级职称申报评审事中事后监管机制的通知》《关于进一步规范高校"双肩挑"人员和职称评审监管制度的实施意见》,加强对高校教师职称评审工作的监督管理,规范职称评审程序,压紧压实高校教师职称评聘工作主体责任,建立评审工作考核评估制度,确保下放的权限接得住、用得好。江苏省人社厅和教育厅定期开展高校教师职称评聘检查评估工作,对职称评聘工作进行综合评估,并通报有关情况。

地方本科院校经历七年的职称评审制度改革,有没有破除传统的"五唯"模式,有没有行使好评审自主权,有没有擅自扩大评审范围等,主管部门

应将监管工作落到实处,保障高校职称评审的权力合法合规地运行,保证代表性成果评价发挥其真正意义。同时,高校也应当建立自身的职称评审监督机构,如部分高校实行的"嵌入式"监督工作机制,对职称评审工作及时跟进、随机抽查,根据抽查情况、群众反映较强烈的问题,有针对性地进行专项督查,对于教师关注的重点环节加强监督,督促职能部门对教师反映的问题及时、认真处理。对因评审工作把关不严、程序不规范,造成投诉较多、争议较大的问题,应责令整改,对处理结果应予通报公开。

执法必严是社会主义法治的关键,违法必究是社会主义法治的保障。职称评审是一项面广量大的工作,每年评审时间跨度也比较长,监督工作的有效开展是为职称评审工作保驾护航,增强评审工作的公平、公正与透明度。地方高校职称评审中或多或少都会存在问题,除了加强监管,还要规范问责、加强惩戒力度。对于监管发现的问题要依法严惩,不能不了了之。当前,地方本科院校职称评审竞争激烈,每年职称评审中约有一半的申报人员不能获得晋升,教师的公平感、获得感、焦虑情绪等都会存续相当长一段时间。监督作为保障职称评审公平正义的最后一道防线,应当充分发挥其职责。

六、加强学术自律和伦理意识

学术自律是指学术研究者遵守学术规范和学术诚信,坚持真实、诚信、公正的学术研究和教学行为。学术自律的核心在于追求真知,即以科学、客观、准确的态度进行研究和教学,不断探索真理,提升学术水平。伦理意识则强调在学术活动中应遵循职业道德和伦理,尊重学术界的价值观和行为准则,关注学术研究和教学对社会、环境、个体的影响,并承担起相应的责任。倡导学术自律和伦理意识,避免学术权力滥用和不当行为的发生,鼓励教师在学术研究和教学实践中追求真知、真善、真美,以实际成果和贡献来证明自身的学术能力和水平。

在高等教育领域,加强学术自律和伦理意识,对于维护学术的健康发展、提高教学质量和科学研究的水平至关重要。首先,加强学术自律和伦理意识有助于维护学术权威和声誉,保障学术诚信。学术界的权威性建立在学术自由、学术诚信和学术规范的基础上。通过加强学术自律和伦理意识,可以防止学术不端行为的发生，如虚假、夸大和抄袭等，确保学术成果的真实性和可信度。高校教师应该以真实、客观和可靠的方式进行研究和教学，在学术界树立起良好的声誉和信誉，才能得到广泛的认可和尊重。其次，加强学术自律和伦理意识有助于推动学术研究和教学的创新和发展。学术自律不仅要求高校教师遵循学术规范，还要求他们关注科学性和准确性，积极探索和创新，以科学的方法和严谨的态度进行研究，追求高质量的研究成果和教学效果。

为了加强学术自律和伦理意识，可以采取以下措施。

（1）宣传学术诚信准则。制定并广泛宣传学术诚信准则，如建立学术诚信网络公众号，以线上线下多媒体联合的形式开展宣传教育活动。不断强化高校教师的学术诚信观念，明确高校教师的责任和义务，引导他们在学术活动中遵循伦理规范，包括对研究数据的真实性和可信度的要求、学术交流和合作中的诚信原则、对研究对象和参与者的尊重和保护等，通过正反案例传播学术伦理的内容，让教师真正意识到学术诚信的重要性。

（2）引导教师们自觉遵守诚信原则。通过开展学术道德教育和培训活动，严明学术伦理要求，如定期观看相关的警示教育、组织学术诚信研讨与考核、研究伦理案例、签订诚信承诺书等。加强对个体诚信意识的培养，提倡道德规范与学术操守，不断提高教师对学术诚信的认识，帮助教师全面理解和准确把握学术诚信与伦理道德的具体内容，入脑入心，达到理性认知、情感认同、专业敬畏与行动自觉融会贯通，培养正确的学术诚信意识和价值观。

（3）建立学术自律机制。建立健全学术自律机制，如成立学术道德委员会，负责监督和处理学术不端行为的投诉和举报。提供一个公正、透明、独立的平台，处理学术纠纷和违规行为，并提供救济制度，保障高校教师的权益。同时，对委员会成员进行充分培训，"打铁必须自身硬"，提高他们对学术不端、学术伦理的认识，及时处理好有关行为。

（4）鼓励学术交流和合作。促进学术交流和合作，加强高校教师之间的互动和合作，强化典型示范，增强学术自律和诚信意识。通过开展学术研讨会、合作研究项目交流、观看优秀典型等活动，培养合作精神和相互尊重的文化氛围，突出高校教师的学术使命感及对学术的敬畏之心，将学术看作是实现自我内在价值的一种目的，忠诚守候学术信念，维护学术共同体的良好秩序。

（5）完善信用和惩戒机制。建立申报教师、评审专家及相关人员诚信承诺和失范行为惩处机制。申报教师职称评审中存在弄虚作假、学术不端的，按国家和学校相关规定处理，及时撤销评聘材料及评审结果。建立完善评审专家的诚信记录、利益冲突回避、履职尽责评价等制度，严格规范专家评审行为，对违反评审纪律的评审专家，按照有关规定处理。强化警示教育，落实学术不端"黑名单"制度，做到有查必果、有果必复。

七、加强自我评估和指导

定期的自我评估，让教师对自己的教学、科研水平和专业发展方向有一定的认知并进行客观的思考和总结，有利于明确定位自身的能力和水平。地方高校提供相关政策的指导和支持，有助于教师对职称评审制度的准确理解和把握，对评审结果有更多的接受度。

首先，自我评估可以帮助教师深入了解自己的教学实践和科研成果。通过对自己的工作进行全面、系统的评估，教师可以发现自身的优势和不足之处，明确自己在教学、科研和专业发展方面的成就和挑战。这有助于教师有针对性地进行自我提升，加强自己的教学技能、科研能力和学术水平。其次，自我评估可以促进教师的专业成长和发展。通过反思和总结自己的教学和科研经验，教师可以不断改进自己的教学方法和科研方向，提高教学效果和研究成果的质量。同时，自我评估也有助于教师发现自己的发展需求，明确未来的发展目标和计划，积极参与教师培训和专业发展活动，提升自身的综合能力和学术声誉。

此外，自我评估可以增强教师的职业认同和责任感。通过自我评估，教师可以更加深入地了解自己在教育事业中的角色和责任，认识到自己的教学和科研工作对学生和社会的影响和意义。这将激励教师更加努力地投入到教学和科研中，追求卓越，提高学术自律和伦理意识，维护学术的权威性和增强社会的信任。

为了有效实施自我评估和指导，一是地方高校可以适当开放校内评估工具，包括教学评价问卷、科研成果统计表等，开放评估结果，帮助教师系统地评估自己的教学、科研情况。二是高校可以组织教师开展教学研讨会、科研项目申报培训、学术论文写作指导等，激发教师的学术热情，培养学术团队精神，促进教师的学术成长。三是制定定期的评估机制，展示教师在教学、科研、社会服务和专业发展方面的成果和进展,确保教师进行自我评估的连续性和有效性。四是成立职称评审制度咨询小组,负责职称制度的宣讲和解答,为教师提供专业的咨询和指导,解决信息不对称问题。

　　通过加强自我评估和指导,可以提升教师的专业水平和学术能力,促进教师的个人发展和职业成长。同时,教师的自我评估也是建立科学、公正和有效的职称评审制度的基础。

结语

　　地方高校职称评审制度关注度高、热点难点问题多、政策环境复杂,关系到广大高校教师的切身利益,关系到实施人才强校战略的大局,完善职称评审制度尤为关键。地方本科院校取得职称评审权已有七年,及时总结经验,结合国家、省厅及自身发展需求,制定完善本校的评价标准,充分行使好职称评审权,形成有本校发展特色、相对稳定的评审制度和评审模式。

　　如何承接好职称评审权的下放,不仅考验着地方高校的治理能力,也检验着地方高校的职称评价标准。"破五唯"后,代表性成果评价的内容、评价的模式、评价的主体等,指挥和引导着教师对教学和科研的投入,对学术的追求与热情,进而影响着学校的发展。推行代表性成果评价是本轮职称评审改革的重心,但职称评审同样需要前置评价,如师德师风评价、教育教学评价等;也需要过程评价,如社会评价、学生评价和教师自我评价等。职能部门与二级学院应充分发挥评价主体作用,切实履行好评价所赋予的职责。地方高校职称评审的组织部门应致力于完善职称评价体系,有效分配评价权力,为职称评审建立稳定合理的组织架构,体现出评审的专业性与权威性。

　　地方高校的职称评审制度既检验人才培养成效,又为选人用人提供依据。未来一段时间,进一步深化"放管服"改革,持续优化职称评审机制模式,制定分类评价标准,改进评价方式,加强人才信誉信用体系建设,并促进各项政策落实,是地方高校职称制度改革的重要主题。